# 소비의
# 메커니즘

# 소비의 메커니즘

마쓰이 다케시 지음 |
마미영 옮김

## 소비자의 심리를 읽으면 마케팅이 즐겁다

## 밤낮으로 고민하는 비즈니스맨, 마케팅 입문자를 위한 책!

에이지21

# Contents

# Part 2. | 인간은 동물적 존재

## Part 3. | 인간이 결정을 내리는 방법

## Part 4.   |   인간다운 인간

**Part 5.**  |  인간은
              문화적 존재

## 머리말

# 마케팅에 가장 도움이 되는 도구는 '말'
# 말은 서치라이트이다

나는 도쿄의 히토쓰바시 대학교에서 21년째 마케팅 관련 연구와 교육에 힘쓰고 있다. 학생들은 나를 '마쓰타케(송이버섯이라는 뜻-옮긴이)'라고 부른다. 배우 기무라 다쿠야가 '기무타쿠', 가수 오자와 겐지가 '오자켄', 정치인 하마다 고이치가 '하마코'로 불리는 것과 마찬가지다.

나는 학부생에게 소비자행동론을 가르친다. 소비자행동론은 간단히 말하면 '왜 이런 걸 샀을까?' 또는 '왜 이건 사지 않았을까?'를 생각하는 학문 분야다. 학생들은 펜, 노트북, 태블릿 PC, 음료수나 공짜로 받은 레드불 등을 책상 위에 올려놓고 수업을 듣는다. 언젠가는 바나나 한 다발을 올려놓고 수업을 듣는 녀석도 있었다. 그건 그렇고 공짜로 받은 레드불을 뺀 나머지는 전부 어디선가 돈을 주고 산 물건이다. 세상에는 무한하리만치 많은 물건과 서비스가 있다. 학생들은 왜, 어떤 방법으로 책상 위의 물건과 만나 그것을 소유하기에 이르렀을까? 조금 멀리 간 듯하지만 생각하면 이상하지 않은가? 나는 그 미스터리를 밝히는 데 도움이 될 만한 여러 가지 도구를 수업에서 소개한다.

여기서 말하는 도구란 말로 정립된 개념을 가리킨다. 개념이란 간단히 말해 사물의 공통부분을 찾아내 말로 표현한 것이다. 조금 어려운 설명이지만 사실 우리는 일상의 대화에서 개념을 넘치도록 사용한다.

우리는 '그 녀석은 인싸니까'라든가 '유토리 세대(1980년대부터 2000년대 초반에 실시된 유토리 교육을 받은 지금 일본의 2030세대를 가리킨다. 대폭 축소된 교육 시간과 교과 과정으로 학력 저하가 일어난 세대로 불린다-옮긴이)니까'라는 말을 한다. 인싸나 유토리 세대가 바로 개념이다. 이런 말을 할 때 우리는 모두 인싸나 유토리 세대에서 볼 수 있는 공통된 특징을 머리에 떠올린다. 인싸라면 인기가 많아 친구가 많고 일도 잘할 것이라고 생각한다. 또 유토리 세대라면 학창 시절 공부에 관심이 없고, 매사에 소극적이고, 낡은 가치관에 얽매이지 않는다고 생각한다.

이러한 이미지를 스테레오 타입이라고 한다. 스테레오 타입도 소비자를 이해하는 데 중요한 도구, 즉 개념이므로 뒤에서 다시 설명하겠다.

당신은 인싸나 유토리 세대를 이야기할 때 그와 동시에 비인싸나 유토리 이외의 세대에 관해서도 무의식적으로 생각할 것이다. 다시 말해 어떤 지점에서 그 둘을 구분한다. 참고로 훌륭한 인싸 구분법은 바카리즈무라는 개그맨의 리아쥬(リア充)라는 만담을 보기 바란다. 미국의 사회학자 탈코트 파슨스(Talcott Parsons)는 이런 사고 프로세스를 '서치라이트'에 비유했다.

"개념은 서치라이트이다."

개념, 즉 말은 무언가를 비춘다. 비춤으로써 우리가 이제껏 보지 못한 무언가를 보게 해준다. 인싸나 유토리 세대라는 말이 존재하지 않았던 때를 떠올릴 수 있는가? 이런 말이 없던 시절과 이 말이 널리 퍼진 지금 사이에 우리가 세상을 바라보는 방법에는 소소하지만 분명한 차이가 있다.

소비자행동론에서 사용하는 개념도 마찬가지다. 이 책은 고객 및 잠재 고객의 심리와 그들의 세세한 행동을 이해하는 데 도움이 될 만한 개념을 다양하게 소개한다. 서치라이트 역할을 하는 개념을 알면 고객의 마음을 꿰뚫어볼 수 있다. 이는 고객이 만족해서 지갑을 여는 훌륭한 마케팅으로 이어진다.

개념을 소개한다고 하면 왠지 어렵게 느껴지지만 이 책은 까다로운 이야기를 다루지 않는다. 오랫동안 학생들을 가르치다 보니 내게는 수업에서 다루는 짤막한 이야기가 꽤 많다. 그런 이야기를 통해 세상을 바라보는 시각을 바꿔줄 새로운 말들을 소개하고자 한다.

다만 주의했으면 하는 것은 나의 자질과 취향, 부족한 문화 자본 문제 탓에 내 이야기가 아주 재미가 없으리라는 점이다. 그러니 이 책은 열띤 교실(마이클 샌델 하버드 교수의 정의 수업을 담은 보스턴 WGBH 방송국의 프로그램으로, 도덕적 가치 판단이 어려운 주제를 심도 있게 고찰한다. 일본 대학 교수들의 열띤 특강을 담은 일본판은 NHK 교육 텔레비전에서 제작했다-옮긴이)과는 완전히 결이 다르다. "또 시작이군, 그렇고 그런 얘기. 아우, 진짜." 뭐 이 정도로 생각해주면 좋겠다. 와인 잔을 기울이며 알딸딸한 상태로 읽으면 딱 좋지 않을까 싶다.

이 책은 다섯 개의 파트로 나뉘어 있다. 먼저 1장에서는 마케팅의 기본을 복습한다. 2장 '인간은 동물적 존재'에서는 오감으로 어디까지 느낄 수 있는지, 다시 말해 하나의 생물체라는 측면에서 소비자를 들여다보고자 한다. 3장 '인간이 결정을 내리는 방법'에서는 우리가 어떤 물건은 사고, 사지 않는 이유를 생각한다. 4장 '인간다운 인간'에서는 우리가 물건을 사거나 서비스를 받을 때 주위 사람의 영향을 얼마나 많이 받는지 알아본다. 마지막으로 5장 '인간은 문화적 존재'에서는 2장과 대조적으로 동물에게는 나타나지 않는 인간적인 측면, 즉 의미를 찾는 존재라는 관점에서 소비자를 바라보고자 한다.

이렇듯 '우리는 이 책을 읽으면서 동물적인 존재에서 점차 문화적인 존재로 변해가는 소비자에게 초점을 맞춰 나갈 것이다.' 우리 역시 다른 동물과 마찬가지로 생물학적인 동물이자 타인과 관계를 맺으며 살 수밖에 없다는 점에서 사회적인 동물이다. 이 두 가지 측면을 제대로 파악할 때 비로소 훌륭한 마케팅을 구사할 수 있다. 바로 이것이 이 책이 추구하는 기본적인 생각이다.

그럼 지금부터 시작해 보자.

마케팅의 기본을 되짚어 본다. 마케팅이란 무엇인가? 설명은 어렵지 않다. 하지만 좋은 마케팅을 실천하기란 여간 어려운 일이 아니다. 이 장에서는 그 점을 느낄 수 있기를 바란다.

# Part 1.

# 마케팅의 기본 복습 하기

# 01

# 마케팅은
# 모케팅이다

**마케팅은
Thank you와 Money
모두를 받는 것**

마케팅이라는 말은 들어본 적이 있을 것이다. 그렇다면 마케팅이 무엇인지 설명할 수 있는가? 흔히 쓰이는 말일수록 설명하기 어려울 때가 있다. 마케팅이라는 말도 그중 하나가 아닐까 싶다. 수업에서는 다음과 같이 설명한다.

마케팅이란 Thank you와 Money '모두'를 받는 것.

여기서 Thank you는 조금 정확히 말하면 고객 만족이다. 한편

Money는 이익을 가리킨다. '모두'라는 단어를 강조했는데 Thank you와 Money는 어느 한쪽이 빠져서는 안 되기 때문이다. 왜 이 두 가지를 동시에 만족해야 할까? 이는 어느 한쪽만 만족하고 다른 한쪽은 만족하지 못했을 경우를 생각하면 알 수 있다.

먼저 Thank you는 받았지만 Money를 받지 못한 경우다. 다시 말해 고객은 만족했지만 적자가 나는 상황이다. 이익을 생각하지 않고 말도 안 되는 싼 가격에 물건을 팔면 당연히 고객은 기뻐한다. 하지만 판매자는 오늘 찾아온 고객은 만족시킬 수 있어도 내일, 모레 찾아올 고객은 만족시킬 수 없다. 장사를 유지할 수 없기 때문이다.

물류회사 구로네코 야마토는 택배 사업을 막 시작했을 당시 이익은 나중에 생각하고 서비스를 우선하라는 방침을 내세운 것으로 유명하다. 그러나 이 방침의 핵심은 좋은 서비스를 받은 손님이 그 뒤에도 고객이 되어서 결과적으로 이익을 창출하는 것이다. 만약 시간이 지나고도 이익을 얻지 못했다면 구로네코 야마토는 성공은커녕 존립마저 불가능했을 것이다.

다음으로 Thank you는 받지 못했지만 Money를 받은 경우다. 즉 고객 만족은 고려하지 않고 이익을 얻으려는 상황이다.

누구나 한 번쯤 해외여행을 하다가 관광지에서 싸구려 물건을 비싸게 사는 바람에 억울했던 경험이 있을 것이다. 앞으로 다시 갈 일이 없는 관광지에서의 쇼핑처럼 딱 한 번만 거래하고 두 번 다시 만나지 않을 때는 미래의 거래를 생각하지 않아도 된다. 고객이 만족하지 못해도 이익만 제대로 확보하면 장사를 유지할 수 있기 때문이다. 하지만 대부분은 첫 고객을 만족시켜 재구매 고객으로 만드는 일이 중요하다. 일반적으로 일기일회(평생에 단 한 번의 만남-옮긴이)를 악용하는 비즈니스는 통용되지 않는다.

이렇듯 Thank you와 Money는 어느 한쪽이 빠져서는 안 된다. 현재 고객의 만족을 얻지 못하면 미래의 고객을 기대할 수 없고, 현재 이익을 얻지 못하면 미래에 비즈니스를 이어갈 수 없다.

학생과 직장인을 불문하고 "마케팅이 뭘까요?" 하고 물으면 열에 아홉은 Thank you를 의미하는 대답을 한다. "고객 만족을 추구하는 거예요!"라는 식이다. 당연한 말이지만 그와 동시에 이익을 얻는 일도 중요하다.

이야기를 조금 바꿔보자. 애초에 마케팅이라는 말이 알려지기 시작한 때는 언제였을까? 일본의 경우 1950년대로 알려져 있다. 전쟁이 끝나고 일본생산성본부라는 조직이 일본의 다양한 산업을 부흥, 발전시키기 위해 선진국인 미국에 산업별로 시찰단을 파견했다. 그 규모가 워낙 커서 쇼와 견당사(나라, 헤이안 시대 때 선진 기술과 정치 제도, 종교, 문화 등을 배우기 위해 당나라에 파견하던 사신을 일컫는 견당사에 1950년대 당시 연호인 쇼와를 붙인 표현이다-옮긴이)라고도 불렸다고 한다. 그중 하나가 마케팅 전문 시찰단이었다. 1957년에 정리된 보고서에는 '마켓팅의 새로운 시각'이라는 제목으로 미국에서 보고 들은 내용을 다음과 같이 놀라움을 담아 표현하고 있다.

소비자가 왕이라는 말을 자주 들었다. 시찰 전부터 알고는 있었지만 직접 가보고 깨달은 사실은 학자도 마케팅 맨도 그렇게 믿고 말한다는 점이다. 이것은 우리에게 하나의 놀라움이었다.

(일본생산성본부, 〈마켓팅: 마켓팅 전문 시찰단 보고서〉, 1957년)

마케팅이 아닌 마켓팅이라고 쓰여 있는 대목에서 시대 차이가 느껴진다. 이 보고서가 발표되고 전국 각지에서 마케팅 관련 세미나와 강연회가 개최되는 등 당시 일본에서는 마케팅 붐이 일었다고 한다.

무언가가 유행하면 그것을 비꼬는 사람이 나타난다. 이 경우도 마치 기다렸다는 듯 마케팅은 모케팅(돈을 벌어들인다는 의미의 '모우케루'와 마케팅을 합친 말로, 마케팅을 돈을 벌어들이는 수단이라며 빈정대는 표현이다-옮긴이)이라며 비꼬는 말까지 생겨났다고 한다.

하지만 나는 이 표현이야말로 마케팅의 본질을 잘 드러내는 말이 아닐까 생각한다. 마케팅은 Thank you와 Money를 동시에 추구하지만 Thank you의 측면이 강조되는 경향이 있다고 앞서 말했다. 실제로 시찰단의 보고서 역시 Thank you의 중요성을 강조하고 있다. 그에 반해 '마케팅은 모케팅'이라는 풍자는 의외로 Money의 중요성을 강조하고 있다.

개인 취향이지만 나는 사실 '마케팅은 모케팅'과 같은 말장난을 정말 좋아한다.

뒤에서도 구체적으로 다루겠지만 슈퍼마켓이라는 소매 업태가 생기기 시작할 무렵 유행한 말이 있다. "'슈'욱 나타나서는 '퍼'엉 사라지는 게 슈퍼다." 그 후로도 슈퍼마켓은 사라지는 일 없이 우리의 생활에 빼놓을 수 없는 존재가 되었다. 이 역시 슈퍼마켓이 Thank you와 Money 모두를 만족시켰기 때문이 아닐까.

---

**NOTE**

마케팅은 고객 만족과 이익 모두가 충족되어야 한다.

---

# 02 | 가판대
아르바이트를
하며
배운 것

**타깃**

꽤 오래된 이야기인데 나는 학생 때 가판대 아르바이트를 했다. J리그가 처음 시작될 무렵의 일이다. 대체 그런 아르바이트를 어떻게 찾나 궁금하겠지만 평범하게 생활정보지를 통해 구했다. 주말이 되면 트럭을 타고 도쿄를 비롯해 사이타마, 가나가와 등 여기저기서 열리는 지역 축제에 가서 천막을 치고 영업 준비를 한 뒤 가게를 지키다가 밤이 되면 가게를 접는 일을 했다.

그때 팔았던 물건 중에 가장 인상적이었던 것이 '러블리 요요'라는 장난감이었다. 이름부터가 독특한데 러블리 요요는 헬로키티나 케로케

로케로피 같은 캐릭터 머리의 형태를 하고 안이 텅 빈 플라스틱 요요다. 이 장난감을 적당한 폭의 직사각형 스테인리스 수조에 띄운다. 그냥 띄우기만 하는 것이 아니다. 수조 한가운데 방수가 되는 형광등을 설치하고, 펌프를 이용해 요요가 형광등 주위를 회전하도록 물의 흐름을 만든다. 이렇게 하면 형광등 조명을 받은 형형색색의 러블리 요요가 천천히 수조 안을 떠다닌다.

저녁이 되면 이 디스플레이는 갑자기 위력을 발휘한다. 아장아장 걷는 아이들이 빨려들 듯 모여드는 모습은 포충등을 연상시킨다. 이때 가게를 지키는 사람은 무엇을 해야 할까? 당시 함께 일한 요란한 어깨 장식만 기억에 남아 있는 형이 요령을 알려줬다. 일단 아이들이 수조로 다가오면 놓칠세라 구멍이 숭숭 뚫린 국자를 손에 쥐여준다. 두부를 건져 올릴 때 쓰는 넓고 납작한 국자 말이다. 그러면 아이들은 국자로 물을 휘젓고 러블리 요요를 건져 올리려 애쓴다. 그러는 사이 보호자가 나타난다. 이때 보호자에게 말할 틈을 주지 않고 얼른 이렇게 말하는 것이다. "4,000원이요."

러블리 요요는 아무리 생각해도 원가가 100원 정도밖에 안 되는 물건이었다. 진짜 헬로키티인지도 의심스러웠다. 굳이 4,000원씩이나 주고 살 만한 물건은 아니다. 하지만 아이들은 훌륭한 진열 기법의 효과로 러블리 요요 잡기에 삼매경이다.

당연히 보호자의 반응은 살까 말까 두 가지로 나뉜다. 대부분의 부모는 "뭐해! 얼른 그거 돌려드려! 우리 간다!" 하고 곧장 아이들을 대피시킨다. 그럼 과연 어떤 사람이 살까? 바로 할아버지다. 할머니도 많이 사 주었지만 높은 확률로 지갑을 연 사람은 할아버지였다.

러블리 요요는 다른 요요 잡기와 달리 한 개밖에 건져 올릴 수 없다. 그런데도 왜 그런 싸구려 플라스틱이 1개에 4,000원에 팔릴 수 있었을 까? 4,000원이나 되는 돈을 낼 만한 가치는 어디에 있을까? 할아버지는 왜 거절하지 못할까?

한번 상상해 보자. 할아버지는 손자를 아주 귀여워한다. 어쩌면 여름 축제 기간에 맞춰 집에 온 탓에 오랜만에 손자의 얼굴을 봤을지도 모른 다. 그러므로 손자의 어리광을 받아주려는 니즈가 최대치라고 할 수 있 다. 어리광을 받아주는 구체적인 방법에는 무엇이 있을까? 바로 원하는 물건을 사주는 일이다. 러블리 요요 마케팅은 이런 점을 어필한 것이다.

다시 말해 러블리 요요는 이 장난감을 원하는 아이들을 만족시켰 기 때문에 팔린 것이 아니다. 러블리 요요가 팔고 있는 가치란 할아버 지가 손자에게 애정을 표현하는 수단이다. 러블리 요요 마케팅의 훌륭 한 점은 이 수단을 간절히 원하는 이들에게 최적의 타이밍에 공급했다 는 데 있다.

눈에 넣어도 아프지 않을 손자를 향한 할아버지의 니즈를 파고든 이 비즈니스는 20여 년이 지난 지금 생각하면 너무하지 않았나 싶기도 하 다. 하지만 여기서 우리에게 중요한 사실은 고객, 다시 말해 타깃이 누구 인가 하는 점이다. 겉으로 보기에 고객은 손자다. 그러나 돈을 내는 사람 은 할아버지다. 자녀나 손자가 사용하려는 물건을 보호자가 구매하는,

소위 사용자와 구매자가 다른 구매 패턴은 더러 있다. 다만 러블리 요요의 고객을 단순히 사용자와 구매자로 나누는 것은 본질이 아니다. 사용자를 예뻐하는 구매자에게는 사용자의 마음에 들고 싶다는 강한 니즈가 있다. 그런 니즈를 만족시키는 수단이 다름 아닌 러블리 요요다. 그러니 이것에 가격을 매긴다면 4,000원은 저렴한 편인지도 모른다.

보통 마케팅에서는 판매하는 재화와 서비스를 고객과 연관지어 생각한다. 하지만 러블리 요요의 사례는 단순히 제품과 고객의 관계뿐만 아니라, 타깃이 어떤 인간관계를 형성하고 있는가를 해석할 필요가 있다는 교훈을 우리에게 가르쳐준다. 러블리 요요 비즈니스의 기본을 알차게 설명해준 형은 경험을 통해 할아버지와 손자의 애정을 둘러싼 폴리틱스를 이해하고 있었던 것이 아닐까.

**NOTE**
겉으로 드러난 타깃 뒤에 감춰진 진짜 타깃이 중요하다.

# 03 | 아재 냄새나는 제품 카테고리, 신문

사용자
이미지

당신은 신문을 읽는가? 나는 닛케이 신문과 닛케이 마케팅 저널을 인터넷으로 구독하고 있다. 몇 년 전 '요즘 대학생×신문: 대학생이 신문에 대해 생각하다'라는 일본신문협회 기획에 내가 맡은 논문팀이 참여한 적이 있다. 주제는 대학생에게 신문을 읽게 만드는 방법이었는데, 다른 대학의 다섯 논문팀과 함께 아이디어를 생각해 학생들이 발표하기로 했다.

이 발표 준비를 수업에서 했는데 여러 가지로 충격적인 사실이 드러났다. 일단 대학생은, 특히 자취생들은 신문을 구독하지 않는다. 또 알다시피 인터넷 뉴스에는 신문사 기사가 꽤 섞여 있어서 실제로 신문을 읽는 것이나 마찬가지인데 그 점을 잘 깨닫지 못한다. 젊은 세대는 신문에 관심이 없다.

그리고 또 하나 놀랄 만한 사실은 종이 신문은 아저씨들이나 읽는다는 확고한 이미지가 있다는 점이다. 학생들은 지하철에서 신문을 접어가며 읽는 모습이 아재스러워서 그런 모습을 따라하고 싶지 않다고 했다. 사람들 앞에서 신문 읽기가 부끄럽다는 의견이었다.

이것이 바로 '사용자 이미지'이다. 많은 재화와 서비스에는 대부분 실제 타깃이 누구인가 이전에 '누가 사용할 것 같은가'라는 이미지가 형성되어 있다. 경마장과 디즈니랜드를 예로 들어보자. 젊은 여성은 어디에 갈 것 같은가? 그야 당연히 디즈니랜드이다.

사용자 이미지는 때때로 오해인 경우도 있다. 이자카야(선술집)도 아저씨들이 가는 곳이라는 사용자 이미지가 있다. 하지만 실제로는 여성끼리 가는 경우도 많다. 그 증거로 이자카야의 여성 회식 코스는 인기가 아주 좋다고 한다.

그렇다면 사용자 이미지는 중요하지 않을까? 아니다, 중요하다. 만약 자신이 사용자 이미지에 어울리지 않는다고 생각하면 해당 제품이나 서비스를 이용하려는 마음이 들지 않을 테니 말이다. 규동집은 남성 고객이 많다는 이미지 때문에 여성 고객은 잘 먹으러 가지 않고, 가더라도 여자 혼자서는 들어가기를 망설인다. 이 남성스러움, 여성스러움은 성 역할을 다루는 장에서 깊이 생각해 보자.

사용자 이미지는 누가 타깃인가 뿐만 아니라 누가 타깃이 아닌가도 보여준다. 따라서 그로 인해 배제되는 잠재 고객이 존재한다.

학생들에게 신문의 사용자 이미지는 아저씨다. 아저씨가 읽는 신문을 자신이 읽고 싶지는 않고 하물며 사람들 앞에서 읽는다고 생각하면 부끄럽기 짝이 없다.

그런 사용자 이미지를 가진 신문을 젊은 세대도 읽게 하려면 어떻게 해야 할까? 학생들이 오랜 논의 끝에 생각해낸 아이디어는 다음 두 가지였다. 첫 번째는 아재스럽다는 사용자 이미지를 사람들의 인식에서 지운다. 두 번째는 그런 인식을 없애고 젊은 세대에게 신문을 접할 기회를 제공해서 신문이 생각보다 쉽게 읽을 수 있는 재밌는 콘텐츠라는 점을 체험하게 한다.

학생들은 각 신문사에서 나온 많은 아저씨 앞에서 이 아이디어를 발표했다. '여대생이 보기에 신문은 규동이나 걸쭉한 라면처럼 금기에 해당한다.'라는 말까지 해가면서 말이다. 금기라는 단어에 조금 움찔했다.

미래에는 신문이라는 미디어가 종이 형태로 남기는 어려울지도 모른다. 하지만 신문 기사는 본래 전문 기자가 정성을 들여 취재하고 근거를 바탕으로 쓴 일종의 우량 콘텐츠이다. 대충 몇 분 만에 쓴 블로그 포스트와는 다르다. 물론 훌륭한 인터넷 기사도 많다. 그러나 인터넷으로만 이런 정보를 접하는 젊은 세대 중에는 기사와 포스트의 차이를 알지 못하는 사람도 있다. 이는 신문과 젊은 세대 모두에게 불행한 일이다.

이렇듯 안타까운 상황을 만드는 주된 이유가 바로 신문은 아저씨가 읽는다는 사용자 이미지이다. 그런 탓에 신문이 가진 좋은 장점이 전달

되지 않는다. 사용자 이미지는 실로 무시할 수 없는 복잡한 문제라고 할 수 있다.

사용자 이미지가 고객 확보와 시장 확대에 걸림돌이 되는 사례는 아주 많다. 예를 들어 일본의 만화 출판사는 영어로 번역한 일본 만화를 미국인에게 판매하는 일에 오랫동안 고전하고 있다. 왜냐하면 미국인 중에는 미국 코믹스건 일본 만화건 만화 장르 자체를 남자아이가 읽는다고 굳게 믿는 이들이 있기 때문이다. 이로 인해 소년 만화를 제외한 소녀 만화나 어른을 위한 만화는 미국인의 관심을 끌기가 무척 어렵다.

자신과 자신이 쓰는 물건의 사용자 이미지가 일치할 때도 있지만 아닐 때도 있다. 사용자 이미지라는 서치라이트를 들고 자신의 소지품을 점검해보면 어떨까.

---

**NOTE**

사용자 이미지는 고객을 불러모을 뿐만 아니라
배제하는 힘도 가진다.

---

# 04 | 고객은 드릴이 아니라 구멍을 원한다

**마케팅 근시안**

당신은 자기 옷을 직접 세탁하는가? 직접 하는 사람도 있는가 하면 가족 중 한 사람이 하는 경우도 있다. 솔직히 빨래는 귀찮다. 색이 빠지는 옷 인지 아닌지를 구분해서 세탁기에 넣고 세제나 표백제, 섬유유연제 따위를 적절한 투입구에 부은 다음, 빨래가 끝나면 옷걸이에 걸어 말리고 마르면 잘 접어서 정해진 곳에 넣어야 한다. 건조 기능이 있는 드럼 세 탁기가 있다면 말리는 수고가 줄겠지만 잘못해서 옷이 줄어들진 않을지 신경을 써야 한다.

　그럼 전부 세탁소에 맡기면 되지 않겠냐고 하겠지만 '밀가루 장사하면 바람이 불고 소금 장사하면 비가 온다'고 일이 그렇게 쉽지가 않다. 이 속담도 마케팅과 연관이 있어 보이지 않는가? 다시 이야기로 돌아와서, 그렇게 세탁을 맡겼다가는 돈이 얼마나 들지 상상만으로도 무섭다. 가사 대행 서비스에 빨래를 맡기는 방법도 마찬가지다. 한편 세탁기 구입이 아까운 사람은 코인 세탁소에서 빨래를 하거나 빨래판으로 직접 손빨래를 하는 방법도 있다.

하지만 한쪽은 너무 비싸고 다른 한쪽은 너무 손이 많이 가서 그다지 현실적인 대안이 아니다. 그래서 현재 옷을 세탁하는 가장 일반적인 방법은 세탁기와 세제, 빨래건조대, 옷걸이 같은 빨래 용품을 사서 각 소비자가 직접 빨래를 하는 것이다.

왜 빨래 이야기를 하고 있을까? 요점은 우리가 세탁기를 사는 이유는 세탁기가 필요해서가 아니라 세탁기의 기능, 다시 말해 수고를 들이지 않고 빨래할 수 있는 기능이 필요해서다. 만약 세탁비가 지금 가격의 10분의 1로 줄어든다면 어떤 일이 일어날까? 아마도 많은 사람이 직접 빨래를 하지 않고 속옷부터 청바지까지 세탁소에 맡길 것이다. 이는 가사 서비스 가격이 대폭 줄어드는 경우도 마찬가지다.

미국의 저명한 경제학자 시어도어 레빗(Theodore Levitt)의 책에는 이런 말이 나온다.

> 고객은 4분의 1인치의 드릴이 아니라 4분의 1인치의 구멍을 사는 것이다.

(시어도어 레빗, 〈마케팅 상상력(Marketing Imagination)〉)

드릴을 사고 싶은 사람은 드릴이 필요해서가 아니라 드릴이 뚫어주는 구멍이 필요하다는 뜻이다. 이는 앞서 말한 세탁기와 똑같은 이야기다.

레빗 교수가 활동하던 시기 미국에는 TV가 보급되었다. TV가 일반 가정에 보급되면 어떤 일이 일어날까? 영화관에 가는 사람이 줄어든다. 생각해보면 당연한 일이다. 영화와 달리 TV를 살 때는 돈이 들지만 사고 나서부터는 얼마든지 무료로 방송을 볼 수 있다. 그러니 굳이 나가서 돈을 내고 영화를 볼 이유가 없다.

이 모습을 본 레빗 교수는 영화 산업이 '마케팅 근시안'에 빠졌다고 판단했다. 근시안이란 눈앞의 일에만 혈안이 되어 미래를 내다보는 힘이 없는 상태를 말한다.

그는 이렇게 말했다. "영화 산업은 마치 자신들이 영화를 만들고 있다는 착각에 빠져 있는데, 사실 그들이 만드는 것은 엔터테인먼트이다." 따라서 TV처럼 더 저렴한 엔터테인먼트가 생겨나면 당연히 그쪽에 고객을 빼앗길 수밖에 없다. 그는 기술과 산업 면에서 다른 재화나 서비스와 경쟁하고 있다는 사실을 간과한 영화 산업을 마케팅 근시안이라고 비판했다.

파나소닉 세탁기의 경쟁 상대는 히타치 세탁기만이 아니다. 세탁 기능을 가진 다른 수단, 즉 세탁소, 가사 대행 서비스, 코인 세탁소, 빨래판처럼 다른 재화나 서비스와 경쟁한다.

이렇게 생각하면 세상이 조금 다르게 보이지 않는가? 또 다른 사례를 보자. 당신은 지하철에 타면 무엇을 하는가? 21세기에는 스마트폰을 만지는 사람이 대부분이다. 그럼 20세기에는 어땠을까? 만화나 책, 신문, 잡지를 읽는 사람이 많았다. 또 20세기, 21세기를 불문하고 천장에 붙은 광고를 보는 사람도 있다. 요즘에는 지하철 내부에 설치된 액정 디스플레이에 시선을 빼앗긴 사람도 적지 않다.

스마트폰, 책, 신문, 잡지, 천장에 달린 광고, 액정 디스플레이는 전부 지하철 안 심심풀이 시장에서 경쟁하는 것들이다. 이들은 전부 다른 업계가 만든 물건 내지는 서비스이다. 하지만 현실에서는 지하철 안에서 서로 고객 쟁탈전을 벌이고 있다. 스마트폰 전성기인 지금 종이 신문을 읽는 사람은 크게 줄었다. 앞서 설명한 대로 과거에는 북적이는 지하철 안에서 신문을 작게 접어가며 목적지에 도착하기 전까지 읽어내는 스킬이 있었다. 그러나 지금에 와서는 쓸모없는 능력이 되었다.

신문은 신문, 잡지는 잡지와 경쟁한다는 생각으로 업계의 틀 안에 갇혀 있으면 마케팅 근시안에 빠진다. 그 결과 할리우드처럼 과거 직면했던 어려움에 다시 빠지게 되는 것이다.

---

**NOTE**

업계 밖으로 눈을 돌리지 않으면 마케팅 근시안에 빠진다.

# 05 내가 산 속옷은 어디로 보나 젊은 세대 것이 아니다

**STP와 4Ps**

세상에는 실로 다양한 제품이 팔린다. 하지만 그런 제품이 항상 모두를 위해 만들어지는 것은 아니다. 반드시 특정 누군가를 위해 만들어진다. 그 누군가를 타깃이라고 부른다는 이야기는 앞서 다뤘다.

어느 추운 겨울 나는 얇지만 보온 효과가 탁월한 속옷을 샀다. 점원의 추천을 받아 제품을 골랐고 결제를 하는 동안 속옷 포장지를 무심코 다시 봤는데, 헉 놀랍게도 '가령취 완벽 제거!'라고 쓰여 있었다. 민망해서 얼굴이 화끈거렸다. 그러나 잘 생각해보니 중년 남성에게 속옷을 팔 때 가령취 제거는 강한 어필 포인트가 될 수도 있겠다 싶었다.

누군가를 위해 만들었다는 말은 반대로 타깃 이외의 누군가를 위한 것이 아니라는 뜻이다. 내가 산 속옷은 명백히 젊은 세대를 타깃으로 한 제품이 아니었다. 왜냐하면 젊은 남성은 가령취를 걱정할 일이 없기 때문이다.

그렇다면 물건을 파는 마케터는 어떻게 타깃을 정할까? 여기서 나오는 마케팅의 기본적인 생각이 'STP'이다. STP란 세분화(Segmentation), 타기팅(Targeting), 포지셔닝(Positioning)이라는 3가지 개념을 합친 말이다.

STP와 4Ps

마케팅에서는 먼저 고객이 모여 있는 시장을 특정 기준에 따라 나눈다. 이것이 세분화다. 남성이냐 여성이냐, 젊은 층이냐 노년층이냐와 같은 기준으로 고객을 분류한다. 이런 성별이나 연령 등의 요소를 '데모그래픽스'라고 한다. 또 차분하고 조용한 성격인지 화려한 것을 좋아하는 성격인지, 전통을 중시하는 사람인지 새로움과 변화를 중시하는 사람인지와 같은 내적인 요소도 기준이 된다. 이를 '사이코그래픽스'라고 한다. 마케터는 두 개념을 이용해 어떤 사람을 타기팅할지 정한다.

백화점 1층에서 판매되는 화장품을 생각해 보자. 그곳에서 팔리는 대부분의 상품은 여성을 타깃으로 한다. 따라서 일부 남성용 화장품을 빼면 나는 타깃에 속하지 않는다.

그러나 여성이라는 구분은 너무 광범위하다. 브랜드 중에는 젊은 여성을 타깃으로 하는 곳도, 중년 여성을 타깃으로 하는 곳도 있다. 똑같이 젊은 여성을 타깃으로 한 브랜드라도 차분한 이미지를 주는 곳도, 화려하거나 발랄한 이미지를 주는 곳도 있다. 이는 데모그래픽스가 같아도 사이코그래픽스가 다르면 타깃이 달라진다는 뜻이다.

세분화와 타기팅은 고객과 연관이 있다. 한편 기업은 자사 브랜드에 어떤 이미지를 부여할지도 생각해야 하는데 이를 포지셔닝이라고 한다. 이는 다른 브랜드와 비슷한 제품을 만들어서는 팔리지 않기 때문에 다른 브랜드에는 없는 특색을 줄 필요가 있다는 이야기다.

왜 포지셔닝이 중요할까? 그 이유는 타사 제품과 차별화되지 않으면 가격을 낮춰야만 팔리기 때문이다. 마케팅의 관점에서 가격 경쟁은 이익 감소의 원인이 되므로 가능한 한 피하고 싶은 법이다. 마케팅은 Thank you와 Money를 받는다는 점을 잊지 말자.

STP가 정해지면 타깃에게 무엇을 어떻게 판매할지를 생각해야 한다. 이를 '4Ps'라고 한다. 4Ps란 P로 시작되는 네 단어로 제품(Product), 가격(Price), 유통(Place), 프로모션(Promotion)을 합친 말이다. 제품과 가격이 의미하는 바는 어렵지 않으리라.

유통이란 어디서 파는가를 의미한다. 페트병에 담긴 녹차는 백화점보다 자판기나 편의점에서 파는 편이 잘 팔린다. 그러나 하나에 50만 원씩 하는 기초화장품을 편의점에서 판다면 팔리지 않을 공산이 크다. 어디서 팔지는 마케팅에서 매우 중요한 문제다.

프로모션은 점원과의 소통이나 광고 등을 가리킨다. 페트병에 담긴 녹차 광고는 어디에 실어야 좋을까? 옥외광고판이나 지하철 내부 광고 등은 괜찮을 듯하다. 하지만 고급 패션 잡지나 신용카드 회원 정보지는 그다지 의미가 없다. 반대로 비싼 화장품을 옥외광고판에 실으면 화장품의 고급스러운 이미지가 훼손된다.

이렇게 하나하나 따져보고 깨닫는 사실은 4Ps의 4가지 요소 사이에 일관성이 중요하다는 점이다. 4가지 요소 사이에 모순이 생기면 팔릴 수 있는 물건이 팔리지 않는다.

그렇다면 4Ps와 STP는 어떤 관계여야 할까? 4Ps가 STP에 적합해야 한다. STP를 제대로 설정하지 않으면 아무리 4Ps에 일관성이 있어도 의미가 없다.

거듭 말하지만 세상에는 실로 다양한 제품이 있다. 그런 제품의 STP와 4Ps가 무엇인지를 생각하면 꽤 흥미롭다. 다만 S, T, P와 4가지 P가 각각 어떤지를 보기만 해서는 부족하다. 거기에 일관성과 적합성이 있는지도 따져봐야 한다.

> **NOTE**
>
> 일관성과 적합성은 마케팅 성공의 기본이다.

우리는 나이를 먹으면 쉽게 살이 찌고 금세 피로를 느낀다. 노화가 일어나는 이유는 인간이 동물이기 때문이다. 인간이 동물이라는 사실은 소비를 하거나 마케팅 전략을 구사할 때 그냥 지나칠 수 없는 중요한 포인트이다. 이 장에서는 인간의 동물적인 면을 생각해본다.

**Part 2.**

# 인간은
# 동물적
# 존재

# 06 나이를 먹으니 모깃소리가 들리지 않는 구슬픈 현실

## 절대역과 차이역

앞서 타깃을 좁히기 위해서는 세분화 과정을 거친다고 설명했다. 세분화의 기준에는 여러 가지가 있는데 대표적으로 나이가 있다. 젊은 사람과 나이 든 사람은 여러 면에서 다르다.

젊은 사람은 나이 든 사람보다 많이 먹고 마실 수 있고, 쉽게 지치지 않고, 머리카락과 피부에 윤기가 있고, 생활습관병에 잘 걸리지 않는데다가 작은 소리도 잘 듣는다. 이런 차이가 나타나는 이유는 인간이 동물이기 때문이다. 그러므로 인간이 아니라 강아지나 노견 사이에도 같은 차이가 나타난다. 이렇게 놓고 보면 사람이나 다른 동물이나 큰 차이가 없다. 그러고 보니 요즘에는 개도 생활습관병에 걸린다는 이야기를 들었다.

그건 그렇고 당신은 모깃소리를 들어본 적이 있는가? 결코 기분 좋은 소리는 아니다. 모기가 윙윙거리며 날갯짓하는 소리는 일종의 고주파 음인데 고주파일수록 노인은 소리를 잘 듣지 못한다.

나는 학부 수업에서 매년 학생들에게 모깃소리를 들려준다. "이 소리 들리는 사람 손들어 봐." 하면서 조금씩 주파수를 높인다. 그러면 잔인할 정도로 극명하게 나이 차가 드러난다. 주파수가 낮을 때는 학생들을 비롯해 내게도 모깃소리가 들린다. 하지만 주파수가 올라가면 모깃소리가 들리지 않는 내 눈앞에 모든 학생이 꼿꼿이 손을 들고 있는 모습이 펼쳐진다. 두 배 가까운 나이 차를 실감하는 순간이다.

이러한 모깃소리를 상업 시설에서는 한밤중 가게 앞에 몰려드는 젊은이들을 퇴치하기 위한 용도로 사용한다고 한다. 모깃소리를 틀어놓으면 젊은 세대만이 불쾌감을 느껴 가게 앞을 떠난다.

타기팅은 누구를 타깃으로 하지 않는가도 명확하게 규정한다고 앞서 설명했다. 상업 시설은 몰려드는 젊은 세대를 쫓기 위해 고주파 모깃소리가 잘 들리는 생물학적 특징을 이용한 것이다. 정면 돌파는 아니지만 이 역시 마케팅이라고 할 수 있다.

인간의 오감에는 청각 이외에도 시각, 후각, 미각, 촉각이 있다. 더불어 모깃소리가 특정 주파수까지는 들리는데 그 이상 올라가면 들리지 않거나, 시력 검사처럼 특정 거리까지는 보이는데 그 이상은 보이지 않는 식으로 감각에는 일종의 경계선이 존재한다. 냄새, 맛, 촉감 역시 마찬가지다. 이 경계를 '절대역'이라고 한다. '역'이란 경계를 말한다.

마케팅에서는 타깃의 절대역을 파악하는 일이 중요하다. 예를 들어 옥외광고판은 가까이 가보면 느끼겠지만 놀랄 만큼 거대한 글자를 사용한다. 멀리서 보여야 하기 때문이다. 반대로 지하철 내부 광고는 아주 작은 글자도 사용한다. 광고판보다 훨씬 더 가까운 거리에서 보기 때문에 글씨가 작아도 문제없다. 옥외광고를 보는 사람과 지하철 안에서 내부 광고를 보는 사람은 절대역에 차이가 있다.

한편 마케팅에서는 경쟁 브랜드와의 차이를 고객에게 인식시키는 일도 중요하다고 했다. 바로 포지셔닝이다. 이는 다른 말로 하면 '차이역'을 인지시키는 일이다. 차이역이란 오감으로 얻은 2가지 자극, 소리나 냄새 등의 차이를 구분할 수 있는가 없는가를 말한다.

당신은 기린, 아사히, 산토리, 삿포로와 같은 맥주 캔의 외형을 구분할 수 있다. 맥주 캔은 차이역을 넘어서는 요소이기 때문이다. 하지만 만약 내용물을 똑같은 모양의 컵에 따라 놓고 빈 캔을 감추면 맥주의 색이나 맛만으로 브랜드를 가려낼 수 있을까? 맥주를 잘 아는 사람이라면 가능할지 모르지만 그렇지 않은 사람은 브랜드를 가려낼 수 없다. 즉 차이역을 밑돈다는 뜻이다.

타깃의 차이역을 파악하는 일 역시 마케팅에서는 중요하다. 싸다, 성능이 좋다, 예쁘다 등 다른 브랜드보다 뛰어난 자사 브랜드의 장점을 어필하고자 해도 고객이 그 차이를 인식하지 못하면 의미가 없기 때문이다.

주의해야 할 사실은 단순히 나이대가 비슷하니 비슷한 차이역을 가진다는 공식은 성립하지 않는다는 점이다. 차이역은 대부분 고객에 따라 다르다. 와인을 잘 마시지 않는 사람과 소믈리에 자격증을 가지고 있을 만큼 와인에 정통한 사람은 와인을 구분해내는 능력에 엄청난 차이가 있다. 그래서 와인에 정통한 사람에게 와인을 팔기란 여간 어려운 일이 아니다. 맛이나 향, 색의 섬세한 차이를 구별할 줄 아는, 다시 말해 섬세한 차이역을 가진 타깃에게 자사 와인이 가진 개성을 어필해야 하기 때문이다.

이 책을 읽고 있는 당신은 앞으로 절대역과 차이역에 좀 더 민감해질 것이다. 그렇게 되면 한층 더 타깃의 입장에서 사물을 보는 눈이 생긴다. 이는 달리 말하면 타깃과 비타깃을 구분하는 당신의 차이역이 좀 더 섬세해졌음을 의미한다.

---

**NOTE**

오감의 절대역과 차이역을 의식하면
고객의 시선에 한발 더 다가갈 수 있다.

---

# 07

## 라멘집에서 쩝쩝거리는 소리만 신경이 쓰일 때

**선택적
주의**

라멘집에서 라멘을 먹고 있는데 옆 사람이 쩝쩝 소리를 내기 시작했다. 한 번쯤 경험해본 적이 있으리라. 나는 이 소리를 별로 좋아하지 않는다. 이럴 때는 먹고 있는 라멘에 집중해서 얼른 그릇을 비운 뒤 가게를 나온다.

그러나 생각해보면 라멘, 소바, 우동을 불문하고 면을 먹을 때는 쩝쩝 소리가 아니더라도 대개 소리를 내면서 먹는다. 면을 빨아올릴 때 후루룩하는 소리 말이다. 라멘집 손님도 모두 힘차게 후루룩 소리를 내며 라멘을 먹는다. 그런데 왜 쩝쩝거리는 소리만 신경이 쓰일까.

우리는 오감으로 많은 자극을 받아들인다. 지금 이 순간에도 우리의 시각, 청각, 촉각, 미각, 후각은 수많은 자극에 노출되어 있다. 하지만 그렇다고 해서 모든 자극을 공평하게 받아들이는 것은 아니다.

회사에서 회의록을 작성하기 위해 녹음기로 녹음을 한다고 하자. 나중에 녹음한 내용을 다시 들으면 목소리뿐만 아니라 테이블에 의자가 부딪치는 소리, 자료 넘기는 소리, 펜으로 글씨 쓰는 소리, 에어컨 돌아가는 소리 등 회의할 때는 신경 쓰이지 않던 소리까지 모두 녹음되었다는 사실을 깨닫는다.

내 수업은 어떨까? 진지하게 수업을 듣는 학생도 있지만, 회의가 그렇듯 지루한 표정으로 스마트폰을 들여다보는 학생도 있다. 인간은 저마다 주목하는 것이 다르고 관심 없는 정보에는 눈길을 주지 않는 법이다. 이렇게 특정 자극에 주목하는 행위를 '선택적 주의'라고 한다.

라멘집에서 후루룩거리는 소리는 괜찮은데 쩝쩝거리는 소리만 신경이 쓰이는 것도 바로 선택적 주의 때문이다. 다만 후루룩 소리를 내며 면을 먹는 행위는 아시아 문화권에서는 일반적이지만 서구권에서는 그렇지 않다. 미국에서는 소리를 내며 식사하는 것이 비매너이므로 면을 먹을 때도 후루룩거려서는 안 된다. 그러니 미국인이 볼 때는 후루룩거리는 소리나 쩝쩝거리는 소리나 매한가지다. 이렇듯 선택적 주의가 문화에 따라 다르다는 사실은 중요한 포인트이다.

하지만 문화와 문화는 교류를 통해 영향을 주고받는다. 오래전 일본에 들어온 이탈리아 파스타의 경우 라멘을 후루룩거리는 사람이라도 파스타를 후루룩거리는 사람은 별로 없다. 왜냐하면 파스타처럼 서양 문화에 기반을 둔 면 요리는 서양 문화의 식사 예절에 따라야 한다고 배웠기 때문이다. 만약 이탈리안 레스토랑에서 파스타를 후루룩거리는 사람을 마주한다면 고개를 가로젓는 이가 많을 것이다.

이는 해외에서 인기가 많은 라멘 역시 마찬가지다. 일본 라멘은 후루룩 소리를 내며 먹는 음식이다. 그렇지만 프랑스나 미국의 라멘집에 앉아 옆 사람을 보면 소리를 내며 먹는 사람이 별로 없다. 심지어 파리의 라멘집 같은 경우는 라멘 따위 거들떠보지도 않고 우아하게 이야기하기 바쁘다. 나는 '붇기 전에 얼른 먹어야 할 텐데!' 하고 걱정이 될 정도인데 정작 당사자는 그러거나 말거나이다. 프랑스인에게 면 요리는 다른 식사와 마찬가지로 천천히 이야기를 즐기며 먹는 음식이지 후루룩 소리를 내며 먹는 음식이 아닌 것이다.

인터넷에는 면을 후루룩거리며 먹어본 적이 없는 외국인을 위해 면치기를 알려주는 영상이 넘쳐난다. 미국의 유명 레스토랑 가이드북인 자갓(ZAGAT)의 How To: Slurp Your Ramen Noodles the Right Way(라멘의 올바른 면치기 강좌)는 꽤 흥미롭다. 영상 속 자갓의 리포터가 소리를 내지 않고 라멘을 먹는 모습이 인상적이다. 아마 평생 소리를 내본 적이 없을 것이다. 그 모습을 본 한 라멘집 주인은 'Make noise!(소리를 내세요!)'라는 댓글을 달았다. 면을 먹을 때는 소리를 내야 한다는 일본 라멘 문화의 원칙을 설명한 것이다.

2020 도쿄 올림픽은 무관중이었지만 보통 세계적인 이벤트가 개최

될 때면 외국인 관광객이 늘어난다. 그런 외국인에게 라멘을 소개할 때 당신은 소리를 내는 게 좋다고 말할 것인가? 아니면 원하는 대로 먹으라고 할 텐가? 어느 쪽이 비즈니스의 관점에서 더 유용할까? 외국인에게 마케팅 전략을 구사할 때는 선택적 주의가 자국민과 같은지를 고려할 필요가 있다. 이는 어느 나라에서 비즈니스를 하든 마찬가지다.

---

**NOTE**

타깃이 어떤 선택적 주의를 가졌는지 선택적 주의가 필요하다.

---

# 08

# 인간은
# 불리한
# 진실을
# 보지 않으려
# 한다

**선택적 지각,
지각 방어,
지각 순응**

집에서 직장이나 학교까지 가는 길을 떠올려보자. 도착할 때까지 얼마나 많은 간판과 광고의 상업적 정보에 노출되어 있는가. 거리를 걷다 보면 셀 수 없이 많은 정보에 노출된다. 가게가 모여 있는 곳이라면 50미터만 걸어도 빽빽한 간판이 눈에 들어온다. 지하철을 타면 내부 광고나 액정 디스플레이가 보여주는 정보를 보고 싶지 않아도 보게 된다. 이런 광고가 별로 없는 시골이라 하더라도 차 안에서 듣는 라디오나 스마트폰 속에 광고가 넘쳐난다.

이렇듯 우리는 매일 막대한 양의 광고성 정보에 노출되어 있다. 하지만 모든 정보를 받아들이지는 않는다. 우리는 의식적으로나 무의식적으로 받아들이는 정보를 좁혀 나간다. 이를 '선택적 지각'이라고 한다.

선택적 지각은 광고의 노출 방식과 소비자의 수용 방식에 따라 달라진다.

노출 방식은 글자나 영상, 소리 등 특정 자극이 얼마나 크고 빈번한가를 말한다. 시끄러운 번화가에서 크게 흘러나오는 CM송을 들어본 적이 있는가? 시끄러운 곳에서 정보를 노출하려면 소리를 더 크게 틀어야 한다. 이는 앞서 말한 절대역을 넘어야 한다는 이야기와 일맥상통한다.

한편 소비자의 수용 방식에 따라서도 선택적 지각은 달라진다. 나는 대학교가 있는 지하철역에서 내려 대학까지 가는 대학로를 걸을 때 마사지 가게의 간판이 눈에 들어온다. 하지만 학생들은 마사지 가게보다 도넛 가게나 미용실 간판이 눈에 들어온다고 한다. 마사지에는 관심이 없으니 당연한 일이다. 이렇듯 막대한 양의 정보 속에서 어디에 주목하는가는 개인의 관심에 따라 달라진다.

타깃의 선택적 지각 방식을 파악하는 일이 중요하다는 사실은 이해했으리라. 나는 평범하고 대중적인 꼬치구이 집을 좋아한다. 장사가 잘되는 곳은 과하지 않은 인테리어와 숯불에 구워지는 꼬치구이 양념의 고소한 냄새, 여기저기 그을린 내부 등 나 같은 타깃이 선택적으로 지각할 만한 자극을 훌륭하게 노출하고 있다. 이는 동시에 그런 아재스러운 가게에 가고 싶지 않은 사람, 예를 들면 인스타그램 감성이 느껴지는 멋진 카페나 이탈리안 레스토랑에 가고 싶어 하는 고객을 배제하는 역할도 한다.

다른 한편 인간은 자신이 보고 싶지 않고 듣고 싶지 않은 자극을 회피하기도 한다. 이를 '지각 방어'라고 부른다. 애연가는 담배가 건강에 좋지 않다는 사실을 알려주는 정보를 회피한다. 살이 쪄서 고민인 사람은 과식이나 운동 부족이 비만과 생활습관병을 초래한다고 말하는 정보를 피한다. 인간은 자신에게 불리한 정보를 의식적으로나 무의식적으로 배제한다.

타깃이 어떤 지각 방어를 가졌는가를 아는 것은 마케팅보다 디마케팅적인 측면에서 중요하다. 디마케팅이라는 말은 흔히 쓰이지는 않지만, 간단히 말하면 소비를 하지 않게 만드는 마케팅 전략을 가리킨다.

폐암 환자의 폐 등 아주 혐오스러운 사진이 붙어 있는 담뱃갑이 그렇다. 이런 금연 캠페인은 담배가 건강에 좋지 않다는 불리한 사실을 회피하려는 흡연자에게 일종의 강제적 사실 고지를 통해 금연을 유도한다. 이것이 바로 디마케팅이다.

나는 담배를 피우지 않아서 흡연자가 그런 충격적인 사진이 붙은 담뱃갑을 볼 때 어떤 기분일지 모른다. 그러나 그렇게 강한 자극도 시간이 지나면 적응한다. 이것을 '지각 순응'이라고 한다. 처음 볼 때는 담배를 끊을까 하고 생각하지만 매일 보다 보면 적응이 되어서 특별히 신경 쓰지 않게 되고 의식조차 하지 않는다. 이는 매일 맛있는 음식을 먹다 보면 맛있다는 사실을 깨닫지 못하는 이치와 같다.

선택적 지각과 지각 방어는 모순된 욕망의 저변에 빛을 비춘다. 살은 빼고 싶지만 먹고 싶다거나, 절약하고 싶지만 쇼핑을 하고 싶다거나, 병에 걸리고 싶지는 않지만 담배와 술을 즐기고 싶은 마음처럼 인간은 모순된 니즈를 가지고 있으며 때때로 모든 욕망을 제대로 판단하지 못할 때가 있다. 그럴 때 작용하는 기능이 선택적 지각과 지각 방어다. 이 문제는 뒤에서 다시 다루겠다.

> **NOTE**
>
> 정보의 홍수 속에서
> 인간은 보지 않고 듣지 않고 말하지 않는다.

# 09

# 이제껏
# 가우초 팬츠를
# 가초우 팬츠라고
# 불렀다니

**해석과
게슈탈트**

여성 독자는 가우초 팬츠를 가지고 있는가? 또 남성 독자는 가우초라는 이름의 바지를 아는가? 가우초 팬츠란 남미 초원 지대에서 목축을 하는 가우초라는 목동이 입는 바지통이 넓은 칠부바지를 가리킨다. 세계적인 상식이다.

　아니다. 실은 거짓말이다. 나는 최근까지 가우초 팬츠의 존재 자체를 몰랐고 여자들이 그런 통이 넓은 바지를 입는다는 것을 의식한 적도 없다. 아마도 치마라고 생각하지 않았나 싶다. 이것도 인터넷 검색으로 알게 된 정보다.

인간은 오감으로 받아들인 갖가지 정보를 해석하려 한다. '해석'이란 쉽게 말해 자신의 관점에서 주관적으로 사물의 의미를 이해하는 행위다. 따라서 같은 사물이라도 사람에 따라 다른 해석을 할 수도 있다. 가우초 팬츠를 멋있다고 생각하거나 그렇지 않다고 생각하는 것도 해석의 차이를 보여주는 하나의 사례다. 애초에 나처럼 가우초 팬츠가 바지라는 사실조차 인식하지 못하는 해석도 있다. 해석에 대해서는 뒤에서도 다룰 예정이다.

그런데 또 하나 고백할 것이 있다. 인터넷에서 가우초 팬츠에 관한 기사를 본 뒤 나는 한동안 가우초 팬츠를 가초우 팬츠라고 생각했다. "그 가초우 팬츠 있잖아." 하면서 수업에서 잘 안다는 듯 말했다가 창피를 당하기도 했다.

왜 그런 착각을 했는지 변명을 좀 해보자면 인간은 미지의 사물을 해석할 때 이미 알고 있는 정보를 활용한다. 가우초라는 말은 내 사전에 없는 단어였다. 그 대신 가초우(일본어로 거위라는 뜻-옮긴이)라는 단어가 있었다. 가우초 팬츠의 존재를 알고 그렇게 통이 넓은 바지를 입은 사람을 보고도 나는 가초우에 관한 사전 지식을 가지고 '거위의 노란 부리를 닮아서 그런 이름이 붙었나' 하고 굳이 끼워 맞춰 생각했다.

단순히 잘못 읽었다고 생각할 수도 있겠지만 이것은 인간이 사물을 해석할 때 '게슈탈트'라는 개념이 작용하고 있음을 보여주는 전형적인 예다. 게슈탈트란 전체가 부분의 합 이상의 완성된 구조라는 뜻이다. 도, 미, 솔을 동시에 치면 아름다운 화음이 완성된다. 이 아름다움은 3

가지 소리를 분해해서는 만들어낼 수 없는 부분의 합 이상의 무언가라고 할 수 있다. 이렇듯 게슈탈트는 소리나 글자 등 다양한 자극을 해석할 때 작용한다.

가우초는 3음절로 나눌 수 있다. 하지만 이 단어는 3개의 음절을 단순히 이어붙인 것뿐만이 아니라 목동이라는 의미를 나타낸다는 점에서 각각의 음절로는 나누어지지 않는 부분의 합 이상의 의미를 지닌다.

그러나 나는 이 단어를 보고 음절의 순서를 착각해 가초우라고 읽었다. 마음대로 전체의 합 이외의 다른 무언가를 만들어 버렸다.

게슈탈트는 마케팅과 무슨 관련이 있을까 하고 궁금해하는 사람이 많으리라. 게슈탈트가 인간의 해석에 어떤 영향을 주는지 알면 타깃의 해석을 이해하는 데 도움이 된다.

'fcuk'라는 패션 브랜드를 아는가? 이 단어를 보고 잠시나마 가슴이 철렁한 사람이 있을지도 모르겠다. 사실 fcuk는 'French Connection United Kingdom'의 약자라고 한다. 수많은 패션 브랜드 속에서 개성을 돋보이게 하는 포지셔닝은 그리 쉬운 일이 아니다. 게슈탈트를 이용해 오해를 불러일으키는 네이밍은 과하다는 의견도 있지만 단박에 기억할 만큼 강한 인상을 남긴다. 이런 오해를 미리 계획한 브랜딩 전략에는 타깃의 해석 방식에 대한 이해가 깔려 있다고 할 수 있다.

글자를 잘못 읽는 것만이 게슈탈트는 아니다. 일반적으로 게슈탈트는 각각의 자극에 질서를 부여하는 메커니즘이다. 예전에 식용유 회사에 다니는 지인에게서 들은 이야기에 따르면 대부분의 일본 소비자는 노란 뚜껑이 달린 플라스크 형태의 유리병을 마트에서 보는 순간 '참기름이다!' 하고 인식한다고 한다. 가도야세이유(일본의 참기름 회사-옮긴이)의 긴지루시준세 참기름을 두고 하는 말이다.

대부분의 소비자는 뚜껑 색이나 유리병의 형태처럼 각각의 자극에 질서를 부여해 참기름병이라는 해석을 도출한다. 일본 소비자는 오랫동안 시장 점유율 1위를 달리고 있는 긴지루시준세 참기름을 오랜 시간 봐왔다. 그 결과로 참기름 하면 긴지루시준세라는 이미지가 형성된 것이다.

이런 현상은 경쟁 브랜드 입장에서 간과할 수 없는 문제다. 만약 긴지루시준세 참기름과 비슷하게 만들지 않으면 소비자가 참기름이라고 인식하지 않고, 그렇다고 너무 비슷하게 만들면 개성이 없어져 묻혀 버리고 만다. 혹시 마트에 갈 일이 있다면 참기름 진열대가 어떤 모습인지, 다른 브랜드의 참기름은 어떻게 생겼는지도 확인해보길 바란다.

그건 그렇고 가우초 팬츠나 참기름병이나 밑이 넓게 퍼지는 형태를 하고 있다는 공통점이 있다. 이 말은 농담이다. 하지만 완전히 다르다고 생각했던 가우초 팬츠와 참기름도 게슈탈트라는 서치라이트로 비춰보면 똑같아 보인다.

---

**NOTE**

전체는 부분의 합 이상이다.

# 10 인싸,
초식남,
가치구미,
마케이누

스키마

앞서 언급한 인싸를 기억하는가? '말은 서치라이트이다'라는 이야기를 하면서 사용했던 예시 말이다.

말(개념)은 반대 의미를 지닌 말(개념)과 짝을 이루는 경우가 많다. 시간과 공간, 여자와 남자, 상류와 하류, 아름다움과 추함, 이쪽과 저쪽, 소바와 우동 등등. 마지막은 장난이다. 학생들에게는 말, 즉 개념을 제대로 이해하고 싶다면 짝을 이루는 말이 무엇인지를 생각해보라고 알려준다.

인싸라는 말은 아싸라는 말과 짝을 이룬다. 이와 비슷한 사례는 아주 많다. 초식남의 반대말은 육식남이다. 좀 더 시대를 거슬러 오르면 닷컴 버블 시기에 가치구미(승리한 부류라는 뜻으로 사회적 성공 계층-옮긴이)라는 말이 있었다. 반대는 마케구미(패배한 부류라는 뜻으로 사회적 패배 계층-옮긴이)라고 한다. 또 수필가 사카이 준코의 베스트셀러 〈네, 아직 혼자입니다〉에서 탄생한 마케이누(패배한 개라는 뜻으로 사회적 패배 계층-옮긴이)라는 말의 반대말은 원칙대로라면 가치이누(승리한 개라는 뜻이나 실제로는 거의 쓰이지 않는다-옮긴이)가 된다.

이와 같은 노골적인 이분법은 '누구누구는 인싸다', '누구누구는 초식남이다'처럼 대화의 소재가 되기 쉬워서 금세 유행어가 되는 것 같다. 바로 이런 말들이 '스키마'의 전형적이 사례다.

스키마란 무엇일까? 이는 원래 심리학 용어로 세상의 일을 이해하기 위한 틀을 가리킨다. 쉽게 말하면 사물을 보기 위한 안경이다. 사물은 어떤 안경으로 바라보는가에 따라 다르게 보인다.

돼지고기 하면 대개는 일상적으로 흔히 먹는 익숙한 고기 종류를 떠올린다. 하지만 무슬림에게 돼지고기는 금기시된 식재료다. 같은 사물이라도 안경, 즉 스키마가 달라지면 달리 보이는 것이다.

소비자는 실로 다양한 스키마라는 안경으로 세상의 재화와 서비스를 해석한다. 서드웨이브(Third wave) 커피라는 말을 들으면 어떤 브랜드가 떠오르는가? 에너지 드링크 하면 어떤 브랜드를 떠올리는가? 시부야 아티스트라는 말을 들으면 누가 생각나는가?

내 마음대로 답해보자면 블루보틀 커피, 레드불, 오자와 겐지나 코넬리우스 정도가 떠오른다. 이들은 서드웨이브 커피와 에너지 드링크와 시부야 아티스트라는 카테고리의 대표적인 사례라고 할 수 있다. 중요한 것은 우리가 이런 대표 사례를 통해 카테고리를 해석한다는 점이다. '아, 서드웨이브 커피면 블루보틀 커피 같은 거.' 하고 생각하는 식이다.

사실 스키마는 브랜딩에서 매우 자주 쓰이는 기법이다. P&G의 페브리즈는 이불이나 커튼, 소파 등 일부만 씻어 내기 어려운 곳에 뿌리면 냄새를 없애주는 제품이다. 페브리즈에는 자동차 내부에 두는 탈취제도 있는데 가정에서 쓰는 탈취제와 똑같이 페브리즈라고 부른다. 왜 그럴까? 그 이유는 '페브리즈는 당장 씻을 수 없는 부분에 뿌리면 냄새를 없애준다'라는 스키마가 소비자 사이에 확립되어 있기 때문이다. 재밌는 것은 페브리즈가 뿌리는 행위를 '세탁'이라고 표현한다는 점이다. 실제로는 세탁하지 않지만 페브리즈는 세탁할 수 없는 것을 세탁한다는 스키마가 우리 모두에게 형성되어 있다.

물론 차량용 탈취제에 전혀 다른 브랜드명을 붙이는 선택지도 존재한다. 하지만 P&G는 기존 브랜드명을 활용하기로 했다. 왜냐하면 소비자가 가진 스키마를 잘 활용하면 더 적은 비용으로 차량용 탈취제가 무엇인지 단번에 설명할 수 있기 때문이다.

스키마는 브랜드뿐만 아니라 브랜드 사용자를 볼 때도 쓸 수 있는 안경이다. 블루보틀 커피의 사례를 앞서 소개했는데, 브랜드에 대한 스키마에는 누가 블루보틀 커피를 마시는가도 포함되어 있다. 그렇다. 앞에서 말한 사용자 이미지이다. 인터넷에 검색해보면 서드웨이브 남성이라는 키워드가 등장한다. 로드바이크를 타고 수염을 길렀으며 알 만한 사람은 다 아는 멋진 스니커즈와 모자 같은 소품으로 세련된 느낌을 주는 남성을 가리킨다고 한다. 이것은 블루보틀 커피 이용자의 스키마이다. 여기서는 이를 '사용자 스키마'라고 부르고자 한다.

사용자 스키마 역시 마케팅에서 빼놓을 수 없는 요소다. 왜냐하면 우리는 무언가를 사고 쓰기 전에 해당 재화나 서비스의 사용자 스키마를 머리에 떠올리며 자신이 그 이미지에 부합하는지를 따져 보기 때문이다.

나는 블루보틀 커피라면 한번 도전해볼 수 있을 것 같은데, 하라주쿠에 있는 무지개 팬케이크 가게에는 무서워서 못 갈 듯하다. 젊은 여성만 가득할 것 같다는 생각이 들어서다. 사실 딱 한 번 제자들의 손에 이끌려 시부야에 있는 팬케이크 가게에 간 적이 있다. 그때의 겉도는 느낌은 여대 통학버스에 잘못 탔을 때 느낀 거북함에 필적할 만한 경험이었다. 상상하다시피 여대 통학버스에 타고 있는 학생은 전부 여자다. 너무나도 명백한 사실이지만 실제로 경험하면 놀라서 말이 나오지 않는다.

사용자 스키마는 타깃을 선정한다는 점에서 중요하다. 그뿐만 아니라 누가 타깃이 아닌가, 즉 초대받지 않은 손님이 누구인가에도 큰 영향을 준다. 그래서 마케터는 적절한 사용자 스키마를 확립하기 위해 노력한다.

당신이 '스키마'라는 새로운 스키마를 이해한다면 더할 나위 없이 기쁘겠다.

# 11 첫 잔은 맥주!
쇼와 규칙이
걸어온 길과
나아갈 길

**스크립트**

우리의 평소 행동을 잘 떠올려보면 대본에 따라 연기를 하는 경우가 적지 않다. 이 대본을 '스크립트'라고 한다.

당신은 레스토랑에서 어떻게 행동하는가? 레스토랑에 들어가서 음식을 주문하고 먹고 계산을 하기까지 누구나 대부분 정해진 순서에 따라 행동한다. 주문 전에는 계산하지 않고 반드시 제일 먼저 인원이 몇 명인지를 점원에게 알린다. 또 예약해야 하는 곳이라면 당연히 가장 먼저 할 일은 예약이다. 소비자 행동에는 이러한 스크립트가 넘쳐난다.

문화에 따라 스크립트가 다를 때도 있다. 전형적인 사례가 팁 문화다. 알다시피 미국처럼 어떤 나라는 레스토랑이나 호텔에서 서비스를 받으면 서비스 가격에 얼마간의 돈을 더 얹어서 준다. 하지만 일본에는 팁 문화가 없다.

미국 레스토랑에서 밥을 먹을 때는 계산서 금액을 확인해서 식사비의 15%나 20%에 해당하는 팁을 내는 과정이 레스토랑 스크립트에 포함되어 있다. 그러나 팁 문화가 없는 나라 사람들은 익숙하지 않은 탓에 까먹기도 한다. 그래서 관광객이 많은 미국 레스토랑에서는 미리 음식 값에 팁을 포함하는 곳도 있다. 안타깝게도 팁이 포함되었다는 사실을 모르고 팁을 이중으로 내는 사람도 있다고 한다. 이렇듯 팁을 까먹거나 이중으로 내는 일이 발생하는 이유는 전적으로 스크립트가 다르기 때문이다.

이런 실수까지는 아니더라도 팁을 얼마나 내야 할지 몰라서 당황하는 사람도 많다. 나는 과거 1년 반 정도 미국에 거주한 경험이 있다. 그 당시 팁을 어느 정도 내면 되는지 감이 없어서 "얼마나 내면 돼요?" 하고 이곳저곳의 가게 직원에게 물어보고 다녔다. 그런데 직원들은 마치 약속이라도 한 듯 만면에 미소를 띠고 "It's up to you!(당신 마음이에요!)"라면서 정답을 알려주지 않았다. 팁 시세는 미국에 사는 사람들이 공유하는 암묵지였다.

레스토랑의 사례를 더 들여다보면 계산하는 방법에도 문화 차이가 존재한다. 일본의 경우 웬만한 고급 레스토랑이 아니고는 대개 출입구 근처에 있는 프런트에서 계산한다. 그러나 해외는 테이블에서 결제하는 경우가 많다. 이를 모르는 관광객이 테이블에서 계산하지 않고 출구를 향해 가는 모습은 마치 돈을 안 내고 도망가는 손님처럼 보이는 탓에 크게 당황하는 주인도 있다. 나쁜 의도는 아니었겠지만 스크립트의 차이가 이러한 오해를 낳는다.

이렇듯 스크립트로 인한 오해나 다툼은 일본에서도 자주 볼 수 있다. 술집에 들어가서 자리를 잡고 앉자마자 "일단 맥주 주세요!" 하고 외치는 무척이나 일본적인 스크립트가 그것이다. 하지만 요즘 대학생들은 첫 잔이 꼭 맥주여야 한다는 규칙을 모른다. 또래끼리 술을 마실 때는 느끼지 못하고 어떤 이유로 연배가 높은 사람과 술을 마실 기회가 오면 그 사실을 알게 된다.

아니, 솔직히 알아주지 않는다. 아저씨들은 술집에 자리를 잡고 나서 얼마나 빨리 첫 잔, 그러니까 맥주를 인원수만큼 시켜 건배하고 술자리를 시작할지에 목숨을 건다. 안 믿기겠지만 진짜다. 그런 아저씨를 앞에 두고 대학생들은 카시스 오렌지니 깔루아 밀크니 무슨무슨 사워니 하며 알 수 없는 술을 제각각 주문하는 통에 주문하는데도 시간이 걸리고 당연히 인원수의 술이 도착하는데도 긴 시간이 걸린다.

앞서 말했다시피 술자리를 얼마나 빨리 시작할 수 있는가에 목숨을 건 입장에서 건배까지 걸리는 시간이 길면 엄청난 스트레스를 받는다. 아저씨 얼굴은 붉으락푸르락한데 젊은 친구들은 생글생글 웃으며 대화를 나눌 뿐 그런 모습에는 관심이 없다. 그런 상황을 똑같이 아저씨인 나는 이해하기 때문에 '이 친구 화내는 건 아니겠지' 싶어 덩달아 초조해져서는 술이 올 동안 시간을 벌 요량으로 시시한 농담을 열심히 던진다. '일단 맥주 주세요'라는 말은 일본의 문화라고 했지만 같은 나라 안에서도 젊은 세대와 그렇지 않은 세대 간에 문화 차이가 존재한다.

이렇듯 첫 잔은 맥주여야 한다는 쇼와 시대(20세기 일본 연호의 하나로, 정확히는 1926년 12월 25일부터 1989년 1월 7일까지를 가리킨다-옮긴이)의 스크립트는 점점 사라지는 추세인 듯하다. 딱히 없어진다고 해서 큰 문제도 아니다. 그러나 맥주 회사로서는 간과할 수 없는 사태다. 맥주를 좋아하고 싫어하는 것과 무관하게, 술을 잘 먹고 못 먹는 것과 상관없이 첫 잔은 반드시 맥주를 마신다는 스크립트가 있다면 상당한 양의 맥주 소비를 기대할 수 있다. 하지만 모두가 제각각 다른 술을 주문한다면 당연히 맥주를 마시는 사람이 줄어들 것이다.

다만 맥주는 첫 잔의 지위가 퇴색되고 있지만 반주의 지위는 여전히 건재하다. 중장년층 중에는 밥을 먹을 때 맥주가 없으면 아쉽다고 생각하는 이가 많다. '일단 맥주 주세요' 문화를 젊을 때부터 수많은 술자리를 통해 체득해왔기 때문이리라. 이런 문화를 학습할 기회가 없어진다면 앞으로 어떤 상황이 펼쳐질지는 맥주 회사도 잘 알 것이다.

정리하면 '일단 맥주 주세요'라는 스크립트에는 2가지 규칙이 있다. 첫 번째는 마시는 술이 맥주라는 점이고, 두 번째는 첫 잔은 가능한 한 빨리 마실 수 있도록 회식 참여자가 배려해야 한다는 점이다. 첫 번째 규칙이 성립하면 두 번째도 성립하는 식이다. 첫 번째 규칙이 사라지고 있는 지금으로서는 두 번째 규칙도 성립하기 어렵다.

이런 식으로 나누어 생각하면 다양한 마케팅 기회가 있을 수 있다. 음료 메뉴를 어떻게 구성해야 할까? 니즈의 다양성에 맞추면서도 들어온 주문을 빨리 내려면 어떻게 해야 할까? 스크립트라는 개념을 이해하면 여러 가지 아이디어를 얻을 수 있다.

---

**NOTE**

소비자는 대본대로 연기한다.

어떤 역할을 어떻게 연기하는지 생각해 보자.

---

# 12 | '멈출 수 없어, 멈추질 않아.' 다음에는 어떤 말이 올까?

## 학습과 고전적 조건화

당신은 학습하는가? 학생이라면 당연한 일이다. 성인이 되어도 일하는 방식이나 생선을 태우지 않고 굽는 법, 책임을 회피하는 법, 인기를 얻는 법 등을 계속 학습한다. 학습은 인간이 살아가는 동안 끝없이 일어난다. 따라서 학습은 인간다운 행위라고 할 수 있다.

심리학자의 말에 따르면 동물도 학습한다고 한다. 잘 알려진 '파블로프의 개'를 떠올려보자. 개에게 고기를 주면 개는 침을 흘린다. 이때 고기 주는 타이밍에 맞춰 종을 울리기를 반복한다. 이를 여러 번 되풀이한 뒤에 종만 울리면 개는 고기를 주지 않았음에도 침을 흘린다.

일종의 조건을 부여해 행동을 변화시켰다고 할 수 있다. 이런 행동 변화를 심리학에서는 '학습'이라고 부른다. 파블로프의 개 실험에서 발견했으니 이런 식의 학습은 동물에만 해당할까?

아니다. 인간 역시 행동 변화를 일으키는 학습을 한다. 매년 나는 수업에서 "멈출 수 없어, 멈추질 않아. 다음에는 어떤 말이 올까?" 하고 강의실 제일 첫 줄에 앉은 학생에게 슬며시 마이크를 넘긴다. 그럼 열에 아홉은 "갓파에비센(한국의 새우깡에 해당하는 과자 이름-옮긴이)이요." 하고 곧장 대답한다. 물론 대답하지 않는 경우도 있다. 마이크를 받은 사람이 유학생일 때다. 이는 다시 말하면 일본에서 나고 자란 사람이라면 누구나 '멈출 수 없어, 멈추질 않아. 가루비 갓파에비센♪'이라는 CM송의 가사를 알고 있다는 뜻이다. 잘 생각하면 실로 엄청난 일이다.

이것은 태어나서부터 몇 번이고 갓파에비센 광고를 반복해 시청한다는 조건을 만족해 생겨난 행동 변화다. "멈출 수 없어, 멈추질 않아. 다음에는 어떤 말이 올까?" 하고 물어도 유학생은 답하지 못한다고 했다. 즉 광고에 지속적으로 노출되지 않으면 이러한 학습, 즉 행동 변화가 일어나지 않는다는 뜻이다.

갓파에비센이라는 스테디셀러는 가루비라는 제과 기업의 착실한 브랜딩의 결과물이다. 브랜딩이라는 말을 들으면 대개는 타사 브랜드와의 차별화 전략을 먼저 떠올린다. 그러나 브랜딩에서는 자사 브랜드의 일관성을 유지하는 일도 중요하다. 일관성을 유지하는 방법의 하나가 같은 메시지를 반복하는 것이다. '멈출 수 없어, 멈추질 않아. 가루비 갓파에비센♪'처럼 짧은 노래는 TV 광고 마지막에 흘러나오는 경우가 많다. 이런 노래는 자주 바꾸지 않고 똑같은 노래를 몇 번이고 끈질기게 반복해서 내보낸다.

집요하게 노래를 들려줌으로써 갓파에비센이라는 제품과 '멈출 수 없어, 멈추질 않아'라는 가사가 소비자의 머릿속에서 연결된다. 갓파에비센과 이 가사가 무관한데도 말이다. 하지만 이 두 가지에 거듭 노출됨으로써 연결고리가 생긴다. 종소리와 침이라는 언뜻 무관해 보이는 요소가 사실은 이어져 있다는 이야기와 비슷하지 않은가?

좀 더 깊이 생각하면 이 학습은 외우려고 노력해서 얻은 결과가 아니다. 그럴 의도는 아니었으나 어느샌가 뇌리에 각인된 것이다. 이를 '우발 학습'이라고 한다.

파블로프의 개 이야기로 다시 돌아가 보자. 이대로 종을 울리기만 하고 고기를 주지 않으면 개는 어떻게 행동할까? 계속 종만 울리면 어느 시점부터 개는 침을 흘리지 않는다. 이것을 학습이 소멸했다고 표현한다. 종을 울려도 침을 흘리지 않게 되면서 둘 사이의 연결고리가 끊어졌다고 할 수 있다.

이는 광고도 마찬가지다. '멈출 수 없어, 멈추질 않아. 가루비 갓파에비센♪'이라는 노래를 내보내지 않으면 소비자의 머릿속에 있던 '멈출 수 없어, 멈추질 않아'라는 가사와 제품의 연결고리가 언젠가 끊어진다.

파블로프의 개 실험이 보여주는 학습을 심리학에서는 '고전적 조건화'라고 한다. 반대로 '조작적 조건화'라는 학습도 있다. 고전적 조건화는 쉽게 말해 수동적인 학습이다. 조작적 조건화는 능동적인 학습이다. 왜 파블로프의 개가 수동적인 학습일까? 이 점은 뒤에서 다루겠다.

우리는 인간을 동물과 구분해 생각하곤 한다. 그러나 동물과 인간 모두에게 발견되는 특성도 있다. 파블로프의 개 실험은 그런 사실을 우리에게 상기시켜준다.

---

**NOTE**

개도 인간도 학습을 통해 행동이 변화한다.

---

# 13

# 쥐가
# 레버를 누르듯
# 인간은
# 같은 항공사를
# 계속 이용한다

## 조작적
## 조건화와
## 강화

앞서 파블로프의 개 실험과 '고전적 조건화'를 살펴보았다. 여기서는 '조작적 조건화'를 생각해 보자. 고전적 조건화는 수동적 학습, 조작적 조건화는 능동적 학습이라고 했다. 대체 무엇이 다를까?

그 힌트가 스키너의 상자 실험이다. 스키너의 상자는 쥐가 든 실험용 상자를 부르는 말로, 미국의 심리학자 버러스 스키너(Burrhus Skinner)가 고안해냈다. 비둘기를 사용한 실험도 있다고 하는데 간단히 설명하면 다음과 같다.

이 상자 안에는 레버가 있습니다. 레버를 누르면 먹이가 나옵니다. 쥐는 어떻게 반응할까요?

처음에 쥐는 레버를 핥기도 하고 물어뜯기도 하고 문지르기도 하고 누르기도 하고 당기기도 합니다. 이 5가지 동작 중에서 먹이가 나오는 때는 레버를 눌렀을 때뿐입니다.

이어서 쥐는 레버를 누르거나 물어뜯거나 문지르거나 핥거나 당깁니다. 이 5가지 동작 중에서 먹이가 나오는 때는 레버를 눌렀을 때뿐입니다.

또다시 쥐는 레버를 물어뜯거나 문지르거나 핥거나 당기거나 누릅니다. 이 5가지 동작 중에서 먹이가 나오는 때는 레버를 눌렀을 때뿐입니다.

똑같은 말을 복사해서 붙이고 있다고 생각하는 독자도 있으리라. 하지만 내가 이야기하고 싶은 것은 상자 안의 쥐가 일종의 시행착오를 반복하고 있다는 점이다. 이런 반복을 거쳐 쥐는 레버를 누를 때 먹이가 나온다는 사실을 점차 깨닫게 되고 레버를 누르는 동작을 몸에 익히게 된다.

앞에서 학습이란 행동의 변화라고 했다. 위 실험에서는 분명한 행동 변화가 관찰되었다. 이런 방식의 학습을 '조작적 조건화'라고 한다.

파블로프의 개와 스키너의 상자 속 쥐는 어떤 점에서 다를까? 개와 달리 쥐는 여러 가지 선택지 중에서 특정한 동작을 선택하는 행동을 했다. 그러나 개는 선택이라는 행동을 하지 않았다. 따라서 쥐가 개보다 더 능동적으로 행동했음을 알 수 있다. 이런 이유로 파블로프의 개를 고전적 조건화, 스키너의 상자 속 쥐를 조작적 조건화라고 한다.

쥐 이야기를 읽다 보면 '이게 인간이나 소비랑 관련이 있나?' 하는 의문이 생긴다. 이 부분을 생각해 보자.

쥐가 레버를 누르는 식의 특정 행동의 학습을 '강화'라고 한다. 정확히 말하면 '긍정적 강화'에 해당한다. 긍정적 강화란 레버를 누르는 등의 행동을 했을 때 먹이가 나오는 것처럼 좋은 결과를 얻는 학습을 가리킨다.

이는 인간의 행동에서도 자주 발견된다. 백화점에서 화장품을 사면 포인트가 쌓이거나 샘플을 받는다. 고객은 제품을 사면 포인트나 샘플을 받는다는 사실을 자연스럽게 알게 된다. 따라서 많은 고객은 다시 그 매장에 가서 화장품을 산다. 항공사 마일리지는 긍정적 강화 메커니즘을 활용해 같은 항공사를 계속 이용하게 하려는 시도라고 할 수 있다. 또 지갑 속에 포인트 카드를 두둑이 넣고 다니는 사람도 있다. 이는 긍정적 강화를 활용한 마케팅 도구가 지갑에 가득 채워져 있음을 뜻한다.

그 외에도 새로 산 슈트나 원피스를 입은 날 친구나 동료가 '예쁘네요' 하고 칭찬해줄 때가 있다. 칭찬을 받으면 기분이 좋으니 그 옷을 계속 입게 되고 새로운 옷을 살 때는 칭찬을 받을 만한 옷을 진지하게 고른다. 이런 고객에게 매장 직원이나 인터넷 쇼핑몰이 적절한 고객 맞춤 어드바이스를 제공하면 다양한 비즈니스 기회를 얻을 수도 있다. 이렇듯 긍정적 강화는 우리의 일상 행동에서 흔히 나타난다.

한편 '부정적 강화'라는 개념도 있다. 패션을 예로 들면 예쁜 옷을 입지 않아서 친구에게 칭찬을 듣지 못하는 경우다. 옷에 무관심한 사람은 상관없겠지만 자신의 패션 센스를 칭찬받고 싶은 욕구가 있는 사람이 칭찬을 듣지 못하면 괴롭다. 이런 식으로 특정 행동을 하지 않아서 기대한 결과를 얻지 못하는 학습을 부정적 강화라고 한다.

부정적 강화는 광고에서 볼 수 있다. 데오도란트나 전용 티슈를 사용하지 않은 탓에 겨드랑이의 땀과 냄새로 주위 사람을 불쾌하게 만드는 광고를 봄부터 여름에 걸쳐 많이 본다. 이런 광고에는 해당 제품을 사용하면 그런 원치 않는 상황이 발생하지 않는다는 메시지가 담겨 있다.

우리는 같은 화장품을 다시 사고, 같은 항공사를 계속 이용하고, 세련된 옷을 입고, 땀 티슈를 쓰는 '선택'을 한다. 하지만 우리의 선택은 어디까지나 스키너의 상자 속 쥐가 레버를 누르는 '선택'을 한 것과 같다.

**NOTE**

스스로 선택한다고 생각하지만 학습의 결과일 수도 있다.

# 14

# 츤과
# 데레의
# 타이밍과
# 분배의 문제

**강화**
**계획**

당신은 츤데레인가? 아니면 주위에 츤데레가 있는가? 위키피디아에 따르면 츤데레는 특정 인간관계에서 퉁명스러운 태도(츤)와 과도하게 다정한 태도(데레)를 동시에 지니는 모습이나 그런 사람을 가리킨다고 한다.

츤데레의 본질은 언제 데레로 바뀔지는 모르지만, 언젠가 바뀔지도 모른다는 예측 가능성을 품은 예측 불가능성에 있다. 퉁명스러운 태도는 상대에게 썩 기분 좋은 일이 아니다. 물론 퉁명스러운 태도 자체를 좋아하는 사람도 있겠지만, 여기서는 이야기를 단순화하기 위해 그런 전제는 제외하기로 하자. 퉁명스러운 태도는 앞으로도 영원히 계속되는 것이 아니다. 언젠가 데레라는 호의적인 상황이 찾아오리란 기대가 있기 때문에 우리는 유쾌하지 않은 상황을 견딜 수 있다.

이 점은 츤데레에게도 중요하다. 평소에는 퉁명스러운 태도로 일관하고 일종의 보상으로 가끔 다정하게 대해주면 상대를 쉽게 컨트롤할 수 있다. 이는 매우 효율적인 방법이다. 츤데레가 좋아할 만한 행동을 상대가 했다고 해서 매번 다정함을 보상으로 주지 않아도 되기 때문이다. 다시 말해 10가지 잘한 일에 대해 10번이 아니라 2번이나 3번만 다정하게 대하면 된다.

츤데레는 '강화'의 한 종류라고 할 수 있다. 강화는 특정 행동의 학습이라는 점을 앞에서 배웠다. 즉 츤데레는 좋아할 만한 행동을 하고 다정함을 보상으로 받는 강화 과정인 것이다. 이 과정을 반복하면서 상대는 자신이 어떤 기대에 부응해야 하는지 학습해 나간다.

위에서 츤데레는 효율적이라고 했다. 이는 다른 말로 하면 효율적인 '강화 계획'이 짜여 있다는 뜻이다. 강화 계획이란 학습을 위해 어떤 타이밍에 당근과 채찍을 줄 것인가를 말한다.

마케팅에는 다양한 강화 계획이 있다. 앞에서 다룬 항공사 마일리지를 다시 떠올려보자. 마일리지는 탈 때마다 매번 확실하게 적립되는 강화 계획이다. 한편 마트에서 장을 보면 뽑기를 할 기회를 얻고 당첨되면 경품을 받는 이벤트가 있다. 이런 이벤트는 마일리지와 달리 '반드시' 경품을 받는 것도, '모두'가 받을 수 있는 것도 아니다. 받을 수도 있고 못 받을 수도 있다는 불확실성이 존재한다. 하지만 이런 불확실한 보상에 흥미가 있는 사람은 일부러라도 살 거리를 만들어 마트에 간다.

마일리지와 뽑기는 강화 계획이 다르지만 특정 행동을 학습하게 한다는 점에서 같은 메커니즘이다. 혹시 당신은 뽑기가 츤데레처럼 더 효율적이라는 사실을 깨달았는가? 다시 말하지만 모든 고객이 뽑기에 당첨되진 않는다. 그러나 당첨되지 않은 사람 중에는 다음에 당첨될 수도 있다는 생각에 마트에 가는 사람이 있을지도 모른다. 뽑기는 모두에게 경품을 주지 않아도 많은 고객의 재방문을 유도한다는 의미에서 더 효율적이다.

불확실한 보상에 이끌리는 행동이 가장 뚜렷이 관찰되는 사례는 무엇이 있을까? 바로 도박이다. 판돈을 잃을지 막대한 돈을 딸지는 해보지 않으면 알 수 없다. 카지노나 도박 관련 사업은 아주 큰돈을 벌어들인다고 알려져 있다. 왜냐하면 모두에게 돈을 벌게 해주지 않아도 다시 도박을 하고 싶어 하는 사람이 많기 때문이다. 즉 매우 효율적인 강화 계획이 설정되어 있다는 뜻이다. 다만 이 강화 계획이 도박 중독을 초래할 수도 있다는 점을 반드시 기억하기 바란다.

강화 계획은 우리의 다양한 소비 행동 속에도 존재한다. 단골 식당에서 "이건 서비스예요." 하고 음식을 무료로 주는 경우가 있다. 물론 가게에 가는 이유가 서비스 때문이라고 할 순 없지만 은연중에 서비스를 기대하는 자신을 깨달을 때가 있다. 이는 서비스의 맛도 맛이거니와 특별한 대접을 받았다는 사실도 보상이 되기 때문이다. 당연히 다시 가고 싶어진다.

그렇지만 특정 고객을 우대하면 다른 고객이 불쾌해하거나 심지어는 발길을 끊을 수도 있다. 이런 이유 등으로 많은 비즈니스는 고객에게 '다가가지 않고 멀어지지 않는' 절묘한 거리감을 형성한다. 이 거리감은 요컨대 효율적인 강화 계획이자 츤데레라고 할 수 있다.

---

**NOTE**

마케팅 기법에는 종종 츤데레가 숨어 있다.

---

# 15

# 위협을
# 위협으로 느끼면
# 인간은
# 그 위협에서
# 벗어나고자 한다

**공포**
**마케팅**

할리토시스라는 말을 들어본 적이 있는가? 아마 없을 것이다. 할리토시스(Halitosis)란 악취가 나는 숨, 다시 말해 구취를 말한다. 이 단어는 1920년대 미국의 리스테린 광고에 자주 등장한 질병의 이름이다.

그 시절 리스테린은 광고에 상당한 공을 들였다. 광고 포스터에는 젊고 아름다운 여성이 우울한 표정으로 거울에 비친 자신을 바라보고 있다. 그리고 거기에는 '그녀는 친구의 결혼식 들러리는 될 수 있지만 신부는 될 수 없다'고 쓰여 있다. 왜일까? 구체적인 사정은 작게 쓰여 있다. 내용을 읽어 보면 이 여성은 좋은 환경에서 나고 자랐고 교육도 받았으며 아름다운 데다가 어디 하나 빠지는 곳이 없음에도 행복하지 않다. 100년도 더 된 이야기이니 '여자는 결혼해야만 행복한가?'라는 질문은 차치하도록 하자. 그녀는 왜 행복하지 않을까? 그 이유는 그녀가 할리토시스를 앓고 있기 때문이다. 입 냄새가 심해서 결혼을 할 수 없는 것이다.

이 대규모 캠페인에는 다양한 버전이 있었다. 아이비리그 출신의 잘생긴 청년이 주인공인 경우도 있다. 하지만 할리토시스라는 질병 때문에 사회에서 성공하지 못한다는 불행한 스토리가 그려져 있다.

리스테린 캠페인은 대성공을 거두며 어마어마한 매출을 기록했을 뿐만 아니라, 미국인이 구취를 신경 쓰기 시작한 계기가 되었다고 후세의 역사가는 분석한다.

냄새가 나서 수치를 느끼거나 실패한다는 이야기를 어디선가 들어본 적이 있지 않은가. 바로 앞에서도 언급했던 가령취가 그렇다. 가령취나 할리토시스는 피해야 할 위협이다. 그러나 이 위협은 해결할 도리가 없는 감당 불가능한 문제가 아니다. 어떤 해결책이 존재한다는 점이 포인트이다.

리스테린의 광고 설명에는 다음과 같은 문장이 뒤따른다.

> 할리토시스는 심각한 내장 질환이 원인인 경우도 있어 전문 진료가 필요할 수도 있습니다. 하지만 다행히도 대부분의 경우 리스테린 가글액을 매일 사용하면 할리토시스를 없앨 수 있습니다.

그렇다. 리스테린으로 입을 헹구면 할리토시스는 사라진다. 이런 식의 광고 캠페인에서는 위협과 해결책이 함께 제시되는 것이 중요하다. 가령취도 마찬가지다. 가령취가 있으면 곤란하다고 말한 뒤에 특정 제품으로 해결할 수 있다고 설명한다.

이런 광고 기법을 '공포 마케팅'이라고 한다. 조작적 조건화에서도 언급했지만 세상에는 공포 마케팅을 활용한 광고나 PR이 아주 많다. 냄새뿐만이 아니다. 안전띠를 매지 않으면 교통사고가 났을 때 큰 부상으로 이어진다는 내용의 영상을 본 적이 있지 않은가? 이런 공익 광고도 사실은 공포 마케팅을 기반으로 한다.

위협과 해결책이 함께 제시된다는 점이 포인트라고 했는데 이는 다른 말로 하면 '적당한 수준'의 위협이어야 한다는 뜻이다.

해결할 도리가 없는 위협은 포기하는 수밖에 없다. 보험 상품 중에는 지진보험이 있다. 안타깝게도 지진은 인간이 제어할 수 없고 예측도 어렵다. 우리가 할 수 있는 일은 지진이라는 위협을 없애줄 해결책을 찾는 것이 아니라 만일의 차선책으로 지진보험에 드는 것이다.

반대로 대단한 위협이 아니라면 우리는 굳이 위협을 해결해야 한다고 생각하지 않는다. 지금은 가령취가 해결해야 할 위협이지만 그런 말이 없던 시절에는 애초에 위협으로 인식조차 하지 못했다.

위협에는 구체적으로 육체적 위협과 사회적 위협이 있다. 할리토시스를 예로 들면 입을 깨끗하게 씻지 않으면 치주 질환에 걸린다는 이야기가 육체적인 위협이다. 반면에 리스테린 광고처럼 수치심을 느낀다거나 인생에 실패한다는 이야기는 사회적 위협에 해당한다.

사회적 위협은 문화나 시대에 따라 달라진다. 조금 민망한 사례이긴 하지만 일본에서는 여름에 하얀 폴로셔츠를 입은 남자의 유두가 비쳐 보이는 것을 부끄럽게 생각한다. 하지만 유럽이나 미국에 가보면 유두가 비치건 말건 당당하게 다니는 남자를 자주 본다.

이는 '여자는 결혼해야만 행복한가?'라는 문제도 마찬가지다. 21세기인 지금에 와서 저런 광고를 했다가는 크게 욕을 먹을지도 모른다. 왜냐하면 결혼하지 못하는 것이 위협인가에 대해 의문을 가지는 사람이 늘었기 때문이다.

광고는 사회의 거울이라고들 한다. 광고를 보면 우리 사회에 무엇이 위협인지, 더 정확하게는 무엇이 사회적 위협인지를 알 수 있다. 리스테린 광고가 1920년대의 미국 사회를 생생하게 그려낸 것처럼 우리가 매일 보는 광고 역시 우리 사회를 비추고 있다. 이런 점을 염두에 두고 다시 광고를 들여다보면 우리 자신에 대한 새로운 발견을 할 수 있으리라.

---

**NOTE**

위협은 어디까지나 적당하게.

# 16

# 구매 목록을
# 작성하고도
# 메모를
# 두고 나오는
# 사람

**외부 기억과
연관 진열**

당신은 장을 보러 가기 전에 무엇을 살지 스마트폰이나 종이에 적어놓는가? 나는 가끔 적는다. 하지만 써놓은 종이를 깜박하고 나올 때가 많다.

왜 썼냐고 하겠지만 과거 한 연구에 따르면 구매 목록을 작성하는 사람이 그렇지 않은 사람보다 사야 할 물건을 덜 까먹는다고 한다. 또한 가족이나 누군가 다른 사람이 대신 구매 목록을 작성하기보다 본인이 직접 쓰는 편이 사야 할 물건을 더 잘 기억해낸다고 한다.

그렇다. 비록 목록을 적어둔 종이를 까먹었다 하더라도 구매 목록을 작성하는 작업을 통해 사야 할 물건이 기억에 오래 남는 것이다.

이야기를 바꿔보자. 당신은 가게 진열대를 보고 '아, 맞다. 이거 사야 했었지.' 하고 문득 깨달은 적이 있는가? '고추냉이가 떨어졌으니까 사야 한다'라고 생각했던 순간을 고추냉이 진열대 앞에서 떠올리는 식이다. 전구나 건전지도 마찬가지다.

구매 목록과 고추냉이 이야기는 기억과 관련이 있다. 구매 목록이나 매장의 진열대는 정확히 말하면 '외부 기억'이다. 외부 기억이라는 말이 좀 이상하게 느껴지지 않는가? 기억은 보통 머리 '내부'에 있으니 말이다. 그런데 '외부'에 있는 기억이라니 무슨 뜻일까?

우리는 사야 할 제품 정보를 머리가 아닌 종이나 스마트폰에 보관하기 때문에 매장에 가서도 구매 목록을 빠짐없이 떠올릴 수 있다. 또 매장 진열대는 까먹은 물건에 대한 기억을 환기해준다. 이를 외부 기억이라고 한다. 외부 기억은 마케팅과 어떤 연관이 있을까?

어디까지나 상대적인 이야기지만 미국인은 일본인보다 구매 목록을 곧잘 쓴다. 왜냐하면 그들은 주말 같은 날 한 번에 장을 보는 습관이 있기 때문이다. 그에 비해 일본인은 슈퍼마켓이나 편의점에 자주 간다. 매일 식료품을 사러 가게에 가는 사람이 꽤 많다. 일주일에 한 번밖에 장을 보러 가지 않는데 사야 할 물건을 까먹으면 곤란하다. 하지만 매일 장을 보러 간다면 사야 할 물건을 까먹고 못 사더라도 다시 가게에 가면 되니 문제가 되지 않는다.

기업의 입장에서 미국인처럼 구매 목록을 작성하는 사람에게 제품을 판매할 때는 구매 목록 안에 자사 제품이 포함되는 것이 중요하다. 한번 목록에 들어 있으면 다시 살 확률이 높아지기 때문이다. 작성한 구매 목록을 바탕으로 한 소비를 '계획 구매'라고 한다. 계획 구매를 하는 사람에게 물건을 팔기 위해서는 계획에 포함될 필요가 있다.

실제로 미국에서는 구매 목록에 붙일 수 있도록 케첩 같은 제품의 포장지 일부가 스티커로 된 경우도 있다. 소소하지만 자사 제품을 계획 구매 품목으로 만들기 위한 재치 있는 아이디어라고 할 수 있다.

한편 매장 진열대는 어떨까? 미국인과 비교해 일본인은 구매 목록을 작성하지 않는다고 했다. 다시 말해 '비계획 구매'를 하는 사람이 많다는 뜻이다. 비계획 구매는 가게에 들어가고 나서 무엇을 살지 정하는 경우다. 마트에 가서 매장을 돌며 저녁 메뉴를 정하는 식이다. 비계획 구매에 대해서는 뒤에서도 깊이 있게 다룬다.

비계획 구매를 하는 사람에게 자사 제품을 판매하려면 어떻게 해야 할까? 첫 번째는 사야 할 물건이 떠오를 수 있도록 진열대와 코너를 구성한다. 이것은 이미 설명했다. 두 번째는 제품의 포장지를 구매 목록으로 만든다.

예전 수업에서 마트에 가서 장을 보고 자신의 일거수일투족을 기록하는 과제를 내준 적이 있다. 한 남학생은 모둠 전골 재료를 사러 매장 안을 돌아다닌 기록을 정리했다. 흥미롭게도 학생이 가장 먼저 간 곳은 모둠 전골 육수 코너였다. 요리를 자주 하지 않아서 모둠 전골에 어떤 재료가 필요한지를 알지 못했기 때문이다. 육수 포장지에는 맛있는 모둠 전골 사진이 실려 있었다. 그 사진을 본 학생은 '아, 배추랑 파랑 두부, 버섯, 생선 같은 게 들어가는구나.' 하고 확인한 뒤 농산물 코너와 수산물 코너에 갔다고 한다.

즉 모둠 전골 육수 포장지가 모둠 전골 재료를 사게 만드는 역할을 한 것이다. 이는 포장지가 가진 외부 기억의 힘이라고 할 수 있다.

모둠 전골 육수와 같은 조미료는 마트 중앙에 위치하는 경우가 많은데, 가게에 들어가면 제일 먼저 눈에 들어오는 농산물 코너에 놓여 있을 때도 있다. 이것을 '연관 진열'이라고 한다. 연관 진열은 메뉴의 아이디어를 제공한다. 예를 들어 배추 옆에 모둠 전골 육수가 진열되어 있거나 가지 옆에 마파가지 소스가 놓여 있으면 조미료 포장지를 본 고객은 '오늘은 모둠 전골(마파가지)이나 해먹을까?' 하고는 필요한 재료를 장바구니에 담는다. 조미료의 연관 진열은 포장지가 가진 외부 기억의 힘을 이용해 비계획 구매를 하는 사람에게 물건을 파는 테크닉이다.

이렇듯 마케팅 기법은 구매 목록을 작성하는 계획 구매자와 목록을 작성하지 않는 비계획 구매자에 따라 자연스럽게 달라진다. 이들은 외부 기억의 보관 장소가 다르다. 자사 고객의 외부 기억은 어디에 있는가? 이를 파악하는 것이 중요하다.

---

**NOTE**

기억은 머릿속에도 있고 밖에도 있다.

---

# 17

## 아는 햄버거 체인점이 얼마나 되는가?

**회상과 재인**

나는 대학에서 200명 정도의 학부생을 상대로 수업을 한다. 최근 몇 년 간은 점심을 먹고 나서 수업을 하는데 내가 보기에 점심을 먹은 학생은 세상 편하게 잠을 잔다. 그래서 학생들의 적극적인 참여를 늘리고자 노력하고 있다.

그중 하나가 '아는 햄버거 체인점 말하기'다. 일단 제일 앞자리에 앉은 학생에게 무선 마이크를 건네고 아는 햄버거 체인점을 말해 보라고 한다. 그러면 첫 번째 학생은 99.9%가 맥도날드라고 대답한다. 그리고 뒤에 앉은 학생에게 마이크를 넘기라고 한 뒤 마이크를 받은 학생에게는 앞에서 말한 햄버거 체인점은 빼고 말해달라고 한다. 그럼 대부분 모스버거라고 답한다. 다시 마이크를 뒷사람에게 넘기고 대답을 이어간다. 롯데리아, 웬디스, 돔돔버거, 버거킹 등이 언급된다. 뒤로 갈수록 대답이 막히고 답을 못한 학생은 곧장 마이크를 뒷사람에게 넘긴다. 이제 나올 만한 것은 다 나왔다고 생각할 무렵 "프레쉬니스버거요." 하고 누군가 말하면 친구들이 "오!" 하고 분위기를 고조시킨다. 아직도 남은 게 있었네 하는 표정이다. 이어서 "파이브가이즈요." 하는 말이 들리고 주위 학생은 잘 모르겠다는 표정을 짓는다. 그럴 때는 얼른 구글에 검색해보라고 일러준다. 이런 과정을 통해 학생들은 다양한 햄버거 체인점이 있다는 사실을 점차 깨닫는다. 졸고 있던 학생도 조금은 재미있어 한다.

왜 수업에서 이런 질문을 하는지 궁금한 사람도 있을 것이다. 이 질문은 지금 이야기하려는 회상과 재인이라는 기억의 문제와 연관이 있다. '회상(Recall)'이란 힌트에 의존하지 않고 무언가를 떠올리는 것이다. '재인(Recognition)'은 힌트를 통해 무언가를 떠올리는 것을 가리킨다. 나는 햄버거 체인점 말하기를 통해 학생들에게 회상을 유도했다. 만약 "맥도날드, 요시노야, 모스버거, 코코이치방야 중에서 햄버거 체인점은 어딜까?" 하고 물었다면 재인을 유도했다고 할 수 있다.

기억을 떠올려야 하는 사람에게 회상과 재인 중 어느 쪽이 더 쉬울까? 당연히 힌트가 있는 재인이 쉽다. 맥도날드 같은 점유율 1위 브랜드는 쉽게 회상한다. 반면 학생들에게 프레쉬니스버거는 회상하기 어렵지만 재인은 수월한 브랜드이다. 한편 아는 학생이 많지 않은 파이브가이즈는 회상도 재인도 어려운, 다시 말해 아직 기억 속에 없는 브랜드이다.

그렇다면 회상하기 쉬운 브랜드와 재인이 쉬운 브랜드 중 어느 쪽이 더 강력한 파워를 가졌을까? 점심을 어디서 먹을지를 생각할 때 가장 먼저 떠올리는, 즉 회상을 통해 떠올린 브랜드가 당연히 강력하다고 할 수 있다. 맥도날드는 막대한 광고비와 점포 확장을 통해 많은 소비자가 회상할 수 있는 브랜드로 자리매김했다.

하지만 그렇다고 해서 회상하지 못하면 안 된다는 뜻은 아니다. 길을 걷다가 프레쉬니스버거를 발견했을 때 과거에 먹고 맛있다고 생각했던 사람이나 친구에게 추천받은 사람은 가게에 들어가고 싶어진다. 재인이 이뤄진 것이다.

따라서 회상이 가장 좋은 방법이긴 하나 힌트를 통해 재인이 이뤄지면 그것으로도 충분하다. 이런 사례는 매장 진열대에서도 찾아볼 수 있다.

음료수를 사기 위해 편의점에 간 사람은 대개 코카콜라나 스프라이트 등을 떠올린다. 맥도날드처럼 광고를 많이 하기 때문이다. 그러나 편의점에 들어가서 실제로 사는 음료수는 꼭 코카콜라나 스프라이트 같은 제조사 브랜드(NB)가 아닐 수도 있다. 세븐일레븐을 비롯해 대부분의 편의점은 자체 브랜드(PB)의 저렴한 음료수를 판매한다. 그러니 음료수 냉장고에 가서 코카콜라나 스프라이트가 아닌 PB 음료수를 고를지도 모른다. PB는 NB만큼 광고를 하지 않는다. 그 이유 중 하나는 선반 진열을 통한 재인을 노리기 때문이다. 회상을 위해 광고비를 들이지 않기 때문에 NB보다도 낮은 가격에 제품을 공급할 수 있다.

이것은 다시 말하면 회상을 노리는 브랜드는 광고비를 들이고, 재인을 노리는 브랜드는 진열대 확보를 위해 유통비를 들인다고 정리할 수 있다.

이렇듯 회상을 유도할지 재인을 유도할지는 브랜드의 포지셔닝 전략에 따라 달라진다. 세상에는 실로 다양한 브랜드가 존재한다. 제품이 팔리는 이유가 회상 때문인지 재인 때문인지를 생각하며 매장 진열대를 바라보면 아주 흥미롭다.

---

**NOTE**

회상을 노리는 브랜드는 광고,
재인을 노리는 브랜드는 유통에 힘쓴다.

---

# 18 '러버 소울'을 들으면 떠오르는 30년 전 친구의 얼굴

**단기기억,
장기기억,
청킹,
연상적 네트워크**

학창 시절 자주 들었던 노래를 우연히 다시 들으면 당시에 만났던 남자친구나 여자친구, 그때 들었던 수업이나 선생님, 사용하던 양치 컵, 통학하던 지하철역의 역무원 등 노래와 거의 상관없는 기억까지 줄줄이 떠오르지 않는가? 나는 비틀스의 〈러버 소울(Rubber Soul)〉 앨범을 들으면 이제 막 전학 온 내게 앨범을 빌려준 착한 친구의 얼굴이 떠오른다. 이렇게 글을 쓰면서 오랜만에 앨범을 다시 들었다. 두 번째 곡 〈노르웨이의 숲(Norwegian Wood)〉을 들으니 고등학교 때 읽었던 무라카미 하루키의 〈노르웨이의 숲〉이 곧장 떠오른다. 이대로 가다가는 모든 곡의 기억을 털어놓을 듯하니 이쯤에서 멈출까 한다.

이렇듯 인간은 다양한 일을 세세하게 기억한다. 그러나 잊어서는 안 되는 것들, 예를 들면 떨어진 간장을 사야 한다거나 학생 추천서를 써야 한다거나 하는 일을 깜박하는 경우가 많다. 참 난감하다.

왜 이런 일이 일어날까. 아무래도 기억이 단기기억과 장기기억으로 나뉜다는 사실에서 그 이유를 찾을 수 있을 듯하다.

'단기기억'이란 현재 사용하는 정보의 일시적인 기억이다. 그래서 금세 잊어버린다. 전화로 예약한 레스토랑의 연락처는 예약할 때는 기억하지만 금세 까먹는다.

마케터는 소비자의 기억 속에 많은 정보를 남기고자 한다. 브랜드 이름은 물론이거니와 구매 신청 방법이나 고객 센터 전화번호도 마찬가지다. 정보를 기억하게 하기 위해서는 아이디어가 필요하다. 대표적인 방법이 '청킹(Chunking)'이다.

청킹의 청크는 영어로 덩어리라는 뜻이다. 전화번호를 예로 들면 010-xxxx-xxxx처럼 11자리의 숫자 사이에 하이픈을 넣어 11자리를 3그룹으로 나눈다. 이렇게 하면 전화번호를 외우기 쉽다. 메트라이프생명은 과거 TV 광고에서 '0120 좋아요, 좋아요(좋아요라는 의미의 일본어 '이이나'는 117이라는 숫자로도 읽힌다-옮긴이)로 전화 주세요'라는 문구를 홍보했다. 전화번호가 0120과 117, 117이라는 덩어리로 나뉘어 있어서 쉽게 외워진다. 대다수 시청자는 앞자리 숫자를 이미 알고 있고 남은 두 덩어리는 똑같은 숫자 조합이다. 이렇게 작은 아이디어를 접목하면 쉽게 외울 수 있다.

한편 '장기기억'은 오랜 시간에 걸쳐 보관되는 기억으로 용량이 무제한이다. 음악을 듣고 당시의 기억을 줄줄이 떠올린 내 경우가 그렇다. 이것이 장기기억이 해내는 능력이다. 장기기억의 내용은 마치 염주처럼 하나로 이어져 있다.

이를 '연상적 네트워크'라고 한다. 노드라고 불리는 기억의 요소가 이어져서 하나의 네트워크를 만드는 것이다.

여배우 하라다 도모요를 TV에서 보면 1987년에 개봉한 그녀의 영화 〈나를 스키에 데려가줘〉가 생각나고, 곱상한 남자 주인공이 운전하는 닛산 실비아로 함께 스키장에 가는 과거 장면이 떠오른다. 또 스키 여행 광고가 연상되어서 광고 모델이었던 다른 여배우를 떠올릴 수도 있다. 모두의 머릿속에도 이런 연결고리가 있다. 무언가를 떠올릴 때는 그와 연관된 기억의 조각인 노드가 마치 연상 게임을 하듯 되살아난다.

연상적 네트워크는 마케팅에서도 매우 중요하다. 자사 브랜드가 연상적 네트워크의 노드가 되면, 쉽게 말해 소비자의 장기기억 안에 들어 있으면 경쟁 브랜드보다 우위를 점할 가능성이 크기 때문이다. 더불어 어떤 노드와 연결되어 있는가도 중요하다. TV 광고에 등장한 연예인이 문제를 일으키면 광고 모델로 활동한 브랜드와 연예인이 함께 엮이게 되어 불리해진다. 사회적 물의를 일으킨 연예인이 광고에서 사라지는 이유를 연상적 네트워크를 통해 가늠해볼 수 있다.

기억이라는 관점에서 브랜딩이란 단기기억에만 남아 있는 브랜드를 장기기억의 연상적 네트워크 속에 자리 잡게 하는 일이다. 기업은 적절한 자리를 만들기 위해 다양한 매체를 이용해 브랜드가 가진 가치를 다른 가치와 함께 보여준다.

그러니 부디 이런 관점에서 광고를 보기 바란다. 제품과 함께 등장하는 인물이나 배경, 사물에는 무엇이 있는가? 그 점에 주목하면 해당 브랜드가 타깃의 머릿속에 어떤 연상적 네트워크를 만들고자 하는지 추측해볼 수 있다.

연상적 네트워크를 설명할 때 나는 특정 세대가 알 법한 사례를 들었는데, 꼭 같은 세대가 아니더라도 "나 그거 알아!" 하고 공감하는 사람이 더러 있다. 이는 사실 조금 이상한 일이다. 자신이 경험하지 않았음에도 왜 이런 현상이 일어날까? 이에 대해서는 뒤에서 생각해본다.

---

**NOTE**

브랜딩은 기억의 연결고리 안에 자리를 만드는 일이다.

---

# 19

# 매슬로는
# 피라미드 모델을
# 그린 적이
# 없다

## 욕구
## 단계
## 이론

비즈니스의 세계에는 무슨무슨 이론이라고 불리는 것이 참 많다. 가장 유명한 이론은 아마도 에이브러햄 매슬로(Abraham Maslow)의 '욕구 단계 이론'이 아닐까. 어떤 이론인지 간단히 복습하자.

욕구는 5가지 단계로 나뉜다. 먼저 가장 기초적인 생리 욕구다. 물이나 수면 등 생존하기 위해 꼭 필요한 욕구다. 두 번째로는 안전 욕구다. 목숨을 위협받지 않는 환경에 대한 욕구다. 세 번째는 소속감과 사랑 욕구로, 우정이나 동료 의식 등이 그것이다. 네 번째는 인정 욕구다. 어떤 목표를 달성하고 싶다거나 어떤 위치에 오르고 싶다는 욕구다. 마지막

다섯 번째가 그 유명한 자아실현 욕구다.

**매슬로의 욕구 단계 이론**

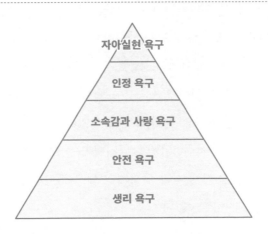

이 이론에 따르면 인간은 저차원 욕구를 충족해야만 고차원 욕구를 갈망하게 된다고 한다. 반대로 말하면 저차원 욕구가 충족되지 않으면 고차원 욕구의 갈망이 없다는 뜻이다. 경험적으로도 맞는 말이다. '나룻이 석 자라도 먹어야 샌님'이라는 말처럼 의식주가 해결되지 않으면 예절 따위는 뒷전이 된다. 이렇듯 실제 경험에 비춰봐도 맞는 말이라서 그런지 매슬로의 욕구 단계 이론은 아주 잘 알려져 있다.

그러나 이 이론은 연구자들 사이에서 오랜 시간 비판에 시달려 왔다. 그뿐만 아니라 매슬로의 이론 자체에 오해도 있다. 이 부분을 짚고 넘어가자. 비판과 오해에는 각각 두 가지가 있다.

비판부터 살펴보면 이 이론은 서양적 인간관에 근거한다. 찰스 디킨스의 〈올리버 트위스트〉라는 소설에는 가난한 소년이 자라 부자가 된다는 이야기가 나온다. 이 작품에 그려진 인간상은 마치 매슬로가 준비한 단계를 하나씩 밟아 올라가는 듯한 인상을 준다. 하지만 아시아처럼 집단주의 성향이 강한 문화권에서는 세 번째 소속감이나 사랑에 대한 욕구가 네 번째 인정의 욕구보다 더 중요시된다는 지적이 있다. 내가 보기에도 일본인은 동료 의식이나 소속감을 중시한다.

두 번째 비판은 욕구의 순서에 근거가 없다는 점이다. 물론 우리의 욕구가 매슬로의 주장처럼 5가지로 나뉘어 있을 수도 있다. 다만 위에서 말한 대로 순서는 문화에 따라 달라지고 애초에 이런 순서를 뒷받침하는 서양인 조사 데이터도 없다.

이런 이유로 매슬로의 이론은 정식 연구에서는 다루지 않는다.

한편 욕구 단계 이론의 첫 번째 오해는 매슬로가 '저차원 욕구를 전부 만족하지 않으면 고차원 욕구가 생기지 않는다'고 말한 적이 없다는 점이다. 그보다는 저차원 욕구가 어느 정도 충족되어야만 고차원 욕구가 생긴다고 했다. 실제로 매슬로는 평균적인 사람을 두고 '대략 생리적 욕구는 85%, 안전 욕구는 70%, 애정 욕구는 50%, 인정 욕구는 40%, 자아실현 욕구는 10%가 충족되어 있다'고 말했다.

그리고 가장 크다고 할 수 있는 두 번째 오해는 자아실현에 관한 것이다. 사람들은 종종 '요즘 소비자는 자아실현을 위해 돈을 쓴다'라거나 '우리 회사는 자아실현을 희망하는 사원에게 지원을 아끼지 않는 업무 환경을 지향한다'라고 말한다. 하지만 그렇게 쉽게 내뱉을 말은 아니라고 생각한다.

왜냐하면 매슬로는 자아실현에 성공하는 사람은 극소수에 불과하다고 했기 때문이다. 매슬로가 자아실현에 성공한 사람을 조사할 때 조사 대상이 된 사람은 누구였을까? 현실에는 그런 사람이 거의 없었기 때문에 그는 링컨이나 아인슈타인과 같은 역사적 위인까지 자아실현의 샘플로 삼았다. 그렇게 얻은 자아실현에 성공한 부류의 특징을 매슬로는 다음과 같이 15가지 항목으로 정리하고 있다.

1. 현실을 효과적으로 지각하고 올바른 관계를 맺는다.

2. 자신과 타인, 자연을 수용한다.

3. 자연스럽다.

4. 철학과 윤리 문제에 관심이 많다.

5. 고독을 초월한다.

6. 문화와 환경으로부터 독립되어 있다.

7. 항상 새로운 인식을 가진다.

8. 신비로운 체험을 한 적이 있다.

9. 공동체 의식을 가진다.

10. 깊은 대인 관계를 유지한다.

11. 민주적이다.

12. 수단과 목적을 구별할 줄 안다.

13. 철학적으로 악의 없는 유머 감각을 지닌다.

14. 창조적이다.

15. 문화에 대한 저항 정신이 있다.

_ 에이브러햄 매슬로, 〈동기와 성격(Motivation and Personality)〉


놀랍게도 특징이 15가지나 된다. 학생이 써낸 리포트였다면 가짓수를 좀 줄이라고 했을지도 모르겠다. 또 15가지 중에서 모순된 항목도 지적했을 것이다. 예를 들어 2번째 항목과 5번째 항목은 정반대라는 생각이 들지 않는가?

이렇듯 자아실현은 매우 복잡하고 모순을 내포하는 어려운 개념이다.

매슬로의 저서는 이제 바이블이다. 바이블이란 누구나 알고 있지만 누구도 읽어본 적이 없는 책을 가리킨다. 사실 매슬로의 책은 전부 두껍고 항목이 15가지나 되는 것에서 알 수 있듯이 매우 장황해서 읽기 힘들다. 또 매슬로는 그를 아는 사람이라면 누구나 떠올리는 피라미드 형태의 도식은 그린 적이 없다. 문장 나열하기를 좋아해서 도식 같은 것은 그리지 않았다.

롤랑 바르트(Roland Barthes)라는 프랑스 철학자는 〈현대의 신화(Mythologies)〉라는 책에서 "신화란 명확한 설명이 아닌 명확한 확인을 가능케 한다."라고 말했다. 신화는 세상의 진실을 밝히기 위한 목적이 아니라 청자가 어렴풋이 체감한 것을 확인시켜 주는 목적의 이야기라는 뜻이다. 바르트라면 매슬로의 이론을 신화라고 불렀으리라.

매슬로 이외에도 세상에는 확인만 시켜주는 신화가 넘쳐난다. 사람들이 믿고 있는 이야기가 사실은 신화에 지나지 않을 수도 있다. 저건 신화 아닐까 하는 눈으로 바라보면 세상이 조금은 달리 보일지도 모른다.

---

**NOTE**

매슬로 이론은 신화다.

---

# 20 먹으면 찌는 고전적인 모순을 우리는 어떻게 극복해왔을까?

**접근-회피 갈등**
**접근-접근 갈등**
**회피-회피 갈등**

세상에 맛있는 음식이 많다는 사실은 참 기쁜 일이지만 많이 먹으면 살이 쪄서 문제다. 먹고는 싶고 살은 찌고 싶지 않은 사람은 먹고 찌든지 먹고 싶은 마음을 억누르고 몸매를 유지하든지 둘 중 하나를 선택해야 한다.

살아가면서 우리는 수많은 의사결정을 한다. 선택지 A와 B 중에서 무엇이 좋을까? 쉬운 선택도 있고 장단점이 있어서 어려운 선택도 있다.

선택이 어려운 이유 중 하나는 선택지마다 양면이 존재하기 때문이다. 먹는다는 선택지는 맛있는 음식을 즐길 수 있다는 장점이 있지만 살이 찐다는 단점도 있다. 반대로 먹지 않는다는 선택지는 살이 찌지 않는다는 장점이 있지만 맛있는 음식을 즐길 수 없다는 단점이 있다.

이렇듯 모순된 상황을 '접근-회피 갈등'이라고 한다. 세상에는 이와 같은 갈등을 해소하기 위한 비즈니스가 아주 많다. 모피 코트를 입고 싶지만 동물 보호 때문에 고민이 되는 사람은 어떤 코트를 입을까. 선택지 중에는 페이크퍼 코트가 있다. 모피와 살상은 먹으면 살이 찌는 관계와 똑같다. 이 경우 동물을 해치는 문제를 해결함으로써 비즈니스가 성립된다.

이렇게 생각하면 진하고 걸쭉한 라멘을 파는 가게에서 흑우롱차를 함께 파는 이유를 이해할 수 있지 않을까 싶다. 사람들은 먹으면 살이 찐다는 것을 알면서도 라멘을 먹으러 간다. 그리고 여기서 느낀 죄책감을 비만 억제 효과가 있는 흑우롱차를 마셔 해소한다. 흑우롱차는 일종의 면죄부라고 할 수 있다.

애초에 라멘을 안 먹으면 되지 않느냐는 의견도 있겠으나 인간은 욕심이 많은 동물이다. 이런 욕심 탓에 다양한 갈등에 직면하는 것이다.

선택지 A와 B 사이에서 느끼는 모순은 접근-회피 갈등 이외에 2가지가 더 있다.

하나는 '접근-접근 갈등'이다. 이 갈등은 두 가지 선택지가 모두 매력적일 경우다. 오늘 밤 분위기 좋다고 소문 난 와인바에 갈지, 아니면 정갈한 요리로 정평이 난 고급 레스토랑에 갈지 고민이 될 때가 있다. 몸은 하나뿐이라서 반드시 어느 한쪽을 골라야 한다. 와인바를 선택한 사람은 어떻게 행동할까? 기대한 만큼의 서비스를 받았다면 분명 그 사람은 와인바에 가길 잘했다고 생각할 것이다. 또 자신이 가지 않은 고급 레스토랑이 사실은 별로라거나 너무 비싸다는 식의 부정적인 사실에 관심을 가질지도 모른다. 우리는 자신의 선택이 최고라고 정당화하고 싶어 한다.

한발 더 나가서 와인바에 간 사람은 해당 와인바의 인터넷 후기를 찾아보고 호의적인 댓글을 읽은 뒤 가길 잘했다며 고개를 끄덕이고 있을지도 모른다. 인터넷 후기는 가게를 선택하기 위해 이용하는 한편 선택한 가게가 좋았다는 사실을 재확인하기 위해서도 이용한다.

또 한 가지 갈등에는 '회피-회피 갈등'이 있다. 이 갈등은 두 가지 선택지가 모두 매력적이지 않을 경우다. 데이트에서 돈을 쓰지 않았다가는 짠돌이라는 소리를 듣고, 쓰면 쓴 대로 그저 물주 취급이나 받고…. 이런 딜레마에 빠진 이들이 많을 것이다. 이러지도 저러지도 못하고 어느 쪽도 선택하고 싶지 않지만 선택해야만 하는 상황이다.

또 다른 예로 스마트폰을 깨트리거나 잃어버리면 얼른 수리를 받든지 다시 사든지 해야 한다. 돈이 드는 것은 싫지만 스마트폰이 없으면 불편하니 대부분은 울며 겨자 먹기로 돈을 낸다. 수리나 재구매로 예상치 못한 지출을 하거나 스마트폰을 쓸 수 없는 상황은 둘 다 회피해야 할 선택지다. 이런 회피-회피 갈등을 해소하는 수단이 보험이나 신속한 수리 서비스이다.

나도 과거에 아이폰 화면을 깨트린 적이 있다. 다행히도 애플 스토어에서 곧장 수리를 받았는데 보험을 들어둔 덕에 큰돈을 들이지 않고 바로 사용할 수 있어서 만족도가 높았다.

정리해 보자. 접근-회피 갈등은 회피하고 싶은 문제를 없애서 갈등을 해소한다. 접근-접근 갈등은 자신이 고른 선택지가 고르지 않은 것보다 좋았다고 납득할 만한 정보를 찾아서 갈등을 해소한다. 회피-회피 갈등은 덜 매력적인 선택지를 해결해서 갈등을 해소한다.

당신이나 당신의 고객이 직면한 모순은 이 세 가지 중 무엇에 해당하는가? 각각의 갈등에는 다양한 비즈니스 기회가 도사리고 있다.

---

**NOTE**

고객이 직면한 모순이야말로 비즈니스 기회다.

---

우리는 대개 여러 선택지 중에서 하나를 고른다. 점심을 먹을 때는 메뉴를 밥으로 할지 면으로 할지 정해야 한다. 우리는 어떤 과정을 거쳐 결정할까? 이 장에서는 의사결정을 생각해본다.

# Part 3.

# 인간이
# 결정을
# 내리는
# 방법

# 21 갖다 붙이기
좋아하는 사람의
신 포도와
단 레몬의
논리

**인지
부조화
해소**

지금 직장에 만족하는가? 학교를 잘못 골랐다는 생각은 들지 않는가? 다른 사람과 결혼하는 편이 낫지는 않았을까? 불쾌할 만한 질문을 나열해 보았다. 참으로 쓸모없는 오지랖이다.

우리는 매일 많은 의사결정을 내린다. 나는 지금 스타벅스에 있는데 먼저 카페에 갈지 말지를 정하고 스타벅스에 갈지 르누아르 찻집에 갈지를 정하고, 스타벅스에 들어가서는 무엇을 주문할지 정해야 한다. 1층과 2층 중 어느 자리에 앉을지도 생각해야 한다.

하나를 선택한다는 것은 다른 선택지를 포기한다는 뜻이다. 나는 지금 르누아르 찻집에 없다. 카페 취향이 까다롭지 않기 때문에 스타벅스건 르누아르 찻집이건 어느 쪽이든 상관없다.

하지만 인생의 중대한 결정을 '어느 쪽이든 상관없다'고 할 수는 없다. 직업, 학교, 결혼 상대를 고를 때는 당연히 카페를 고를 때보다 훨씬 진지한 마음으로 결정한다.

문제는 결정한 뒤에 '진짜 괜찮을까?' 하는 의문이 마음속에 스멀스멀 올라올 때다. 그럴 때 인간은 어떻게 할까? 그 힌트는 앞 장에서 살짝 다루었다.

고급 레스토랑에 안 가길 잘했다는 논리를 머릿속에 만드는 행위는 이솝 우화에 등장하는 '신 포도'다. 여우 한 마리가 자기 손이 닿지 않는 높이에 있는 포도를 보고 이렇게 생각한다. '어차피 저 포도는 셔서 못 먹으니까 상관없어.'라고 말이다. 선택하지 않은 이유를 적당히 지어내서 선택하지 않길 잘했다고 합리화한다.

한편 와인바의 좋은 후기를 굳이 찾아보고 납득하는 행위는 '단 레몬'이다. 포도를 포기한 여우는 자신의 손에 있는 레몬을 먹으며 이렇게 말한다. '세상에서 제일 맛있고 달콤한 과일은 레몬이지.' 자신의 선택이 가장 좋다고 생각하며 고르길 잘했다고 합리화하는 것이다.

왜 이런 합리화를 할까? 인간은 일관성이 없으면 마음이 불편하고 모순이 있으면 해소하고 싶어 하는 동물이기 때문이다. 다시 말해 무언가를 골랐다거나 고르지 않았다는 사실과 의사결정으로 인한 불안이 충돌하는 것이다. 이럴 때 우리는 불안을 해소하는 논리를 자기 안에 만들어낸다.

이 과정을 심리학에서는 '인지 부조화 해소'라고 부른다. 미국의 심리학자 레온 페스팅거(Leon Festinger)는 자동차를 구매한 사람을 대상으로 실험해서 사람들이 인지 부조화를 해소하려 한다는 사실을 밝혔다.

그는 이제 막 새 차를 산 사람에게 인지 부조화가 일어날 가능성이 크다고 생각했다. 그런 사람이 고민 끝에 선택하지 않은 차의 장점을 알게 되거나 자신이 산 차의 단점을 깨달으면 마음속 부조화를 해소하고자 노력할 것이라고 예상했다.

이들은 부조화를 어떻게 해소할까? 첫 번째는 새로 산 차의 광고를 다른 모델 광고보다 많이 볼 것이다. 대개 광고는 홍보하는 브랜드를 칭찬하는 내용을 담고 있기 때문이다. 두 번째는 사려다 만 차의 광고를 보지 않을 것이라는 가설도 가능하다.

세 번째로는 같은 차라도 오래된 모델을 소유한 사람은 차 광고를 보더라도 회피하지 않으리라는 가설도 생각해볼 수 있다. 오랫동안 차를 운전하면서 마음속에 있던 부조화가 대부분 해소되었을 테니 말이다.

페스팅거는 이 세 가지 가설이 맞다는 사실을 실험을 통해 증명해냈다. 실험은 아주 흥미롭다. 그는 먼저 두 부류의 실험 대상자를 선정했다. 한 부류는 새 차를 구입하고 4주에서 6주가 지난 성인 남성 65명, 다른 부류는 연식이 3년 이상 된 모델을 소유한 성인 남성 60명이다.

페스팅거는 이들에게 전화로 약속을 잡고 잡지나 신문 구독에 관한 조사의 일부라고 설명했다. 그런 뒤에 피실험자의 집에 갈 때 사전에 파악해놓은 그들이 평소 읽는 잡지 4주 치와 신문 일주일 치를 가지고 갔다. 그러고는 잡지나 신문에 실린 차 광고를 보여주고 광고를 보았는지, 또 읽었는지를 물었다. 마지막으로 인터뷰를 끝낼 때는 지금 차를 사기 전에 진지하게 고민했던 차 이름을 알려달라고 했다. 이런 식으로 페스팅거는 실험 의도를 사전에 정확히 밝히지 않고 가설을 확인시켜줄 데이터를 수집했다.

이 실험의 흥미로운 부분 중 하나는 페스팅거가 '광고는 홍보하는 브랜드를 칭찬한다'라는 당연한 사실에 주목했다는 점이다. 광고는 소비자의 의사결정을 돕는 정보 제공의 목적뿐만 아니라 의사결정이 끝나고 소비의 정당성을 확인하기 위한 용도로도 이용된다. 그는 구매 전과 구매 후까지를 고려함으로써 소비자를 대하는 새로운 시각을 제시했다.

이런 시시한 글을 읽고 시간이 아깝다며 인지 부조화를 느끼고 있을 당신은 부조화를 어떻게 해소하겠는가? 당연히 이 책은 정말 유익하고 재밌다고 자신을 세뇌할 것이다. 부디 세뇌를 계속해서 책을 끝까지 읽어주길 바란다.

---

**NOTE**

인간은 자기 변명에 능하다.

# 22

## 삼라만상에 코멘트를 하는 신기한 패널

**후광 효과와
엔도서**

이야기가 설득력이 있다고 할 때는 보통 두 가지 경우다. 하나는 내용에 설득력이 있을 때고, 다른 하나는 말하는 사람에게 설득력이 있을 때다. 여기서는 후자를 생각해 보자. 전자는 뒷장에서 다루겠다.

　TV 뉴스나 아침 방송을 보고 있으면 정치, 범죄, 빈곤, 스캔들, 정리 하지 않은 집 문제, 적당한 가사 요령, 건강법 등 실로 다양한 이야기가 연일 보도된다. 이런 방송에는 아나운서나 사회자 옆에 각각의 사건 사고에 대해 한마디 코멘트를 하는 사람이 앉아 있다. 변호사나 대학교수, 의사, 뇌과학자, 무슨 평론가 같은 사람들이다.

이런 사람 중에서도 소위 멘트를 잘 치는 사람은 다양한 방송에 출연하게 된다. 그러면 신기한 일이 벌어진다. 처음에는 자신의 전문 분야에 관해서만 이야기한다. 이혼 전문 변호사가 연예인의 이혼 스캔들을 이야기하는 식이랄까. 그러나 TV에 자주 나오게 되면 올림픽 선수의 화장 얘기부터 해서 벚꽃 개화 시기, 꽃 알레르기, 지하철 운행 지연 문제 같은 자신의 전문 분야와는 무관한 일에까지 코멘트를 한다. 어느샌가 세상 모든 일에 코멘트를 하는 모습을 볼 수 있다.

잘 생각하면 미스터리한 일이다. 예로 든 변호사는 꽃 전문가가 아니니 말이다. 코멘트 역시 우리가 생각하는 수준을 크게 벗어나지 않는다. 하지만 이들은 짧은 문장을 써서 단정적으로 코멘트를 하다 보니 제법 그럴싸하게 들린다.

여기서 생각해보고 싶은 개념이 '후광 효과(Halo Effect)'다. '안녕하세요'에 해당하는 Hello와 비슷한데 Halo는 후광을 뜻한다. 후광 효과란 하나의 분야에서 높은 평가를 받은 사람이 다른 분야에서도 우수하다고 여기는 현상이다. 방송 패널이 자신과 상관없는 분야에 관해 이야기해도 설득력 있게 들리는 이유는 바로 이 후광 효과 때문이다.

후광 효과도 마케팅에서 매우 중요하다. 특히 '엔도서'를 선택할 때 자주 쓰인다. 엔도서란 물건이나 서비스를 추천하는 사람, 다시 말해 광고 모델을 가리킨다. 광고에서는 외모가 수려한 사람이 모델로 많이 등장한다. 왜 매력적인 외모를 가진 사람이 광고 모델이 될까? 그 이유는 외모가 좋은 사람이 하는 말이 그렇지 않은 사람에 비해 설득력 있게 들리기 때문이다. 이것이 다름 아닌 후광 효과다. 물론 외모가 수려해도 속이 비어서 말에 조리가 없는 사람도 있다. 그러나 우리는 외모가 좋은 사람이 하는 말을 믿는 경향이 있다. 똑같은 이야기를 해도 말하는 사람이 누구냐에 따라 다르게 받아들인 경험이 분명 누구에게나 있을 것이다.

그럼 외모가 좋지 않으면 설득력이 없을까? 나를 포함해 해당 사항이 있는 사람은 부디 안심하기 바란다. 제품을 팔 때는 뛰어난 외모보다 광고 모델이 타깃과 비슷해야 할 때가 있다.

예전에 파나소닉 돌츠라는 브랜드의 제트워셔 구강 세정기를 샀다는 한 중년 남성과 이야기를 나눈 적이 있다. 그는 한 남자 아나운서가 방송에서 소개했기 때문에 이 제품을 샀다고 했다. 남성에게 "혹시 남자 아나운서가 아니라 여자 아이돌이 소개했다면 사고 싶었을까요?" 하고 묻자 아니라고 했다. 다시 말해 닮은 구석이 없는 사람이 추천하는 제품은 자신과 관련이 있다고 느끼기 어렵다는 뜻이다. 그 아나운서는 남성과 동년배였다. 아나운서 역시 중년 남성처럼 치아 문제로 고민하고 있을지도 모른다는 상상이 가능하다. 치주 질환이나 충치가 생기지 않도록 신경을 쓸 것 같다는 점에서 중년 남성과 아나운서는 닮아 있다. 남성과 이야기를 나눈 뒤 나도 제트워셔가 갖고 싶어졌다. 나 역시 중년 남성이기 때문이다.

남성이 말한 아나운서는 썩 괜찮은 외모를 가졌다. 따라서 아나운서가 잘생겼으니 설득력이 있다는 주장을 할 수도 있겠지만, 이 사례에서 더 중요한 것은 중년 남성이라는 공통분모가 있느냐이다. 그런 점에서 남자 아나운서는 파나소닉 제트워셔의 광고 모델이 될 자격이 충분해 보인다.

한편 광고 모델이 반드시 사람일 필요는 없다. 도라에몽이나 헬로키티처럼 2차원 캐릭터여도 상관없다. 도라에몽이 가진 친근함과 헬로키티의 사랑스러움이 후광 효과로 작용해서 설득력을 줄 수도 있다. 이런 이유로 이차원 캐릭터가 광고 모델로 기용되는 사례도 있다.

또 캐릭터는 인간과 비교해서 후광 효과를 더 안정적으로 발휘한다. 왜냐하면 캐릭터는 불륜이나 마약과 같은 스캔들을 일으키지 않기 때문이다. 도라에몽이 각성제를 복용하고 헬로키티가 막장 불륜의 당사자가 되는 일은 없다. 하지만 광고에 나오는 연예인 중에는 스캔들에 휘말려 광고에서 잘리는 경우가 많다. 스캔들로 인한 부정적인 이미지가 광고하는 제품이나 서비스에까지 영향을 줄 우려가 있기 때문이다. 이 역시 반대 의미의 후광 효과라고 할 수 있다. 후광 효과는 마스코트를 포함해 왜 세상에 이렇게 많은 이차원 캐릭터 모델이 존재하는지를 설명해주는 하나의 이유가 된다.

---

**NOTE**

말하는 사람에 따라 설득력이 달라진다.

---

# 23 | 좋은 소식과 나쁜 소식이 있다. 어느 쪽을 먼저 듣고 싶은가?

## 단면제시와 양면제시

영어권에서는 종종 "I have good news and bad news. Which do you want to hear first?"라는 말을 한다. 아주 좋은 소식을 전할 때도, 말하기 어려운 이야기를 꺼낼 때도 써먹을 수 있어 무척 편리한 문장이다. 하지만 곱씹어 생각하면 사물에는 좋은 면과 나쁜 면이 있다는 뜻으로 받아들일 수도 있다.

판매하는 제품을 홍보하거나 친구에게 어떤 제품을 추천하고 싶을 때는 자신도 모르게 좋은 면만을 어필하고 싶어진다. 하지만 그런 방식이 반드시 효과적이라고 할 수는 없다.

당신에게는 익숙한 광고 문구가 있는가? 나는 닛신(NISSIN) 치킨 라면의 '바로 맛있어요, 진짜 맛있어요', 다이슨의 '변함없는 흡인력, 단 하나의 청소기'가 떠오른다. 이런 광고 문구를 유심히 살펴보면 제품의 좋은 면만을 어필하고 있음을 알 수 있다.

그러나 한편으로 큐사이의 녹즙처럼 '맛없네, 한잔 더!' 같은 광고 문구도 있다. 큐사이는 좋은 약은 입에 쓰다는 논리를 '맛없네, 한잔 더!'라는 표현에 담았다. 맛이 없다는 나쁜 면도 확실하게 강조한 것이다.

왜 이런 차이가 있을까? 이 문제를 들여다보자.

마케팅에서는 좋은 면만 보여주는 기법을 '단면제시', 나쁜 면까지 보여주는 기법을 '양면제시'라고 한다. 예로 든 치킨 라면이나 다이슨 청소기는 단면제시, 녹즙은 양면제시를 하고 있다.

단면제시를 할지 양면제시를 할지는 타깃에 따라 달라진다. 좋은 면만을 어필해야 구매욕이 생기는 고객이 있는 반면에 장단점을 제대로 설명해주지 않으면 절대 지갑을 열지 않는 고객도 있다.

특정 브랜드를 좋아하는 사람에게 해당 제품을 어필할 때는 좋은 점만을 강조하는 편이 낫다. 그런 사람에게 굳이 나쁜 점을 어필해도 기분만 상할 뿐이다. 아이돌 팬을 떠올려보자. 아이돌 팬에게 좋아하는 아이돌의 단점을 이야기하면 어떤 무서운 일이 벌어질지 상상이 가는가?

반대로 특별히 선호하는 브랜드가 없는 사람에게는 장단점을 제대로 어필하는 편이 효과적이다. 나쁜 점까지 알려주면 소비자가 판매자를 정직하다고 여겨서 그 브랜드를 신뢰한다.

그렇다고 해서 치명적인 단점을 강조해서는 아무런 소용이 없다. IC 녹음기를 예로 들어보자. 녹음기를 살 때는 음질, 무게, 배터리 지속 시간 등 다양한 측면을 고려한다. 이 중에서 대표적인 면만을 강조하고 그다지 중요하지 않은 내용은 "단점도 있긴 한데요." 하고 말하면 된다.

녹음기라면 무게는 브랜드마다 비슷하므로 그렇게 큰 포인트가 아니다. 오히려 배터리 지속 시간이 구매를 결정하는 요인이 된다. "살짝 무게가 나가긴 하지만 배터리 지속 시간이 제일 길어요." 하고 말하는 편이 효과적인 양면제시라고 할 수 있다.

노골적인 이야기가 되겠으나 교육 수준이 높은 사람에게는 장단점을 확실하게 알려주는 편이 좋다고 한다. 일반적으로 무엇이든 장단점이 있다고 생각하는 것이 교육을 받은 사람의 기본 사고방식이기 때문이다. 그런 사람에게는 장단점을 정확히 알려주고 다양한 선택지를 비교하게 해주면 쉽게 받아들이고 물건을 산다.

양면제시는 광고 이외에도 다양하게 쓰인다. 우리 대학교에서는 학부를 졸업할 때 졸업논문을 써야 한다. 학부생에게는 졸업논문을 쓸 때 '물론 A일 수도 있다. 하지만 B다'라는 식으로 글을 쓰라고 조언한다. 이렇게 쓰면 그냥 'B다'라고 쓰는 것보다 사물의 장단점을 객관적으로 보고 있음을 드러낼 수 있다.

단면제시는 그럴 듯해 보이지만 사실 사물의 단점을 감추기 위한 설득이다. 광고 문구나 누군가의 이야기가 단면제시라는 점을 깨닫고 단점이 무엇인지를 생각하는 습관을 들인다면 사물을 보다 객관적으로 볼 수 있다.

또한 주장을 펼칠 때 양면제시를 활용하면 상대에게 지적인 이미지를 줄 수 있다. 당신도 일상 속에서 자신의 주장을 누군가에게 피력할 때 양면제시를 활용하면 지적인 인상 관리가 가능하다.

지금 나는 양면제시의 장점에 대해 단면제시를 했다. 과연 양면제시의 단점은 무엇일까?

---

**NOTE**

단점을 설명해야 설득력이 있다고 느끼는 사람도 있다.

---

# 24 크고 작은 부탁으로 보는 교섭 스킬

풋 인 더 도어,
도어 인 더 페이스,
로우 볼

마케팅이란 Thank you와 Money 모두를 받는다고 앞에서 설명했다. 이를 실현하기 위해서는 고객을 설득해야 한다. 설득에는 고객이 제품을 (1)인지하고 (2)좋아하게 되어서 (3)구매에 이르는 3단계가 있다. 이 과정을 거쳐야만 비로소 설득에 성공했다고 할 수 있다. 반대로 생각하면 다음과 같다.

누군가가 스타벅스 커피를 '샀다고' 하자. 아마 맛있거나 브랜드가 멋있어서 '좋아하기' 때문에 구매했을 것이다. 그리고 좋아할 수 있는 이유는 당연히 그 존재를 '알고 있기' 때문이다. 모르는 것은 좋아할 수도 살 수도 없다.

앞에서 나는 학생들에게 아는 햄버거 체인점을 하나씩 대답하게 한다고 했다. 제일 먼저 나오는 체인점이 맥도날드였다. 인지의 측면에서 맥도날드는 다른 곳보다 유리하다. 하지만 알고 있다고 해서 좋아한다고 할 수 없고, 좋아한다고 해서 매장에 들러 햄버거를 사서 먹으리라고 단정할 수 없다. 3단계를 전부 만족시키기란 좀처럼 쉬운 일이 아니다.

알고 좋아해도 사줄지는 미지수다. 사게 만드는 설득 기술에는 구체적인 테크닉이 많은데 여기서는 대표적인 기술 3가지를 소개한다.

첫 번째는 '풋 인 더 도어 기술(Foot-in-the-door technique)'이다. 먼저 작은 부탁을 한 다음 원래 목적한 큰 부탁을 하는 것이다.

자선 단체의 활동을 떠올려보자. 한 자선 단체가 처음에 "매달 5,000원만 기부해주시면 많은 사람을 도울 수 있어요."라고 한다. 그러면 자선 활동에 관심이 있는 사람은 '매달 5,000원이면 괜찮겠는데.' 하고 생각한다.

그렇게 매달 5,000원씩 기부를 하고 있는데 이번에는 그 단체가 "5,000원 더 기부해서 매월 10,000원씩이면 더 많은 사람을 도울 수 있어요. 어떠세요?" 하고 부탁한다.

그런 말을 들으면 대부분 '10,000원도 나쁘지 않지.' 하고 생각한다. 왜냐하면 이미 5,000원을 내고 있기 때문이다. 어려운 사람을 돕고 싶다는 마음으로 5,000원을 기부하는 나와 5,000원은 괜찮은데 5,000원 더 내기는 싫다고 생각하는 내가 충돌하면 기분이 복잡해진다. 만약 거기서 거절해 버리면 자신은 인색한 사람이 되니 대부분은 그런 상황을 원치 않는다. 매달 50만 원을 내라고 하면 거절할 수도 있겠지만 5,000원이 10,000원이 되는 정도는 괜찮다고 생각한다. 인간은 일관성을 추구하는 법이다.

두 번째는 '도어 인 더 페이스 기술(Door-in-the-face technique)'로 위와는 반대로 무리한 부탁을 해서 거절을 당한 뒤에 들어줄 법한 가벼운 부탁을 하는 방법이다.

다시 기부를 예로 들면 처음에는 "50만 원을 기부해주실 수 있나요?" 하고 부탁한다. 그럼 상대는 '뭐야, 그건 못하지.' 하고 거절한다. 하지만 그 뒤에 "50만 원은 너무 많죠? 5,000원은 어떠세요? 그것만으로도 많은 사람을 도울 수 있어요." 하고 부탁해본다. 그러면 처음에 거절한 일로 마음에 짐이 있는 상대는 그 정도라면 해줘도 괜찮다고 여긴다.

세 번째는 '로우 볼 기술(Low-ball technique)'이다. 일단 사게 만든 다음 옵션을 추가해서 금액을 올리는 방법이다.

집이나 차를 산 적이 있는 독자라면 쉽게 이해할지도 모른다. 비싸지만 살 만한 가치가 있다는 생각에 6억 5천만 원 하는 아파트나 2천만 원짜리 차를 사기로 했는데, 영업사원의 탁월한 언변에 홀린 듯 이것저것 옵션을 추가하다가 결국 처음 가격보다 20~30% 비싸지는 경우가 있다.

사실 나도 과거에 집을 사려고 마음먹었는데, 바닥을 바꾸라는 등 방 배치도 바꿀 수 있다는 등 하면서 영업사원이 갖가지 옵션을 제안하는 통에 난처한 적이 있었다. 결과적으로 처음 예상했던 가격보다 많이 비싸져서 취소했다. 조금만 덜했으면 내가 그 집을 샀을지도 모르니 영업 사원으로서는 아까운 일이다. 그런데 조금 비싸지는 정도는 괜찮다고 생각하는 사람이 의외로 많다.

비싼 물건은 의사결정에 시간이 걸린다. 위치나 방 배치, 대출 문제 등 다양한 요소가 얽혀 있는 탓에 사기로 마음먹기까지 상당한 노력이 필요하다. 시간과 수고를 들여 내린 결정을 번복하기란 쉽지 않기 때문에 비싼 물건을 사기로 한 사람에게 옵션을 제안하면 대부분은 받아들인다.

또 그런 식으로 어렵게 결정을 하고 나면 인간은 자신의 결정이 옳다고 믿고 싶어진다. 거듭 반복하지만 인간은 일관성을 유지하고 싶어 하는 동물이다. 신 포도 이야기에서도 언급했듯 인간은 자신의 선택을 정당화하는 능력이 탁월하다. 바로 이 정당화가 결정을 뒤집을 수 없게 방해한다.

3가지 설득 기술은 마케팅을 비롯해 다양한 분야에서 활용된다. 당신도 누군가에게 부탁할 때 무의식적으로 사용하는 테크닉이 있지 않은가? 어떻게 하면 상대가 수긍할지 3가지 테크닉에 비춰 생각해보길 바란다.

---

**NOTE**

구매는 설득의 결과물이다.

---

# 25

## 과거엔 고학력, 고수입, 고신장인 남자를 3고라 불렀다

**보완적, 비보완적 대안 평가**

쇼와 시대(1926-1989)에는 여성이 결혼하고 싶은 남성의 조건으로 '3고'를 꼽았다. 3고란 고학력, 고수입, 고신장이라는 3가지 조건을 가리킨다. 꽤 오래전 이야기지만 지금 봐도 상당히 높은 기준이다. 그 정도는 되어야지 하는 사람도 있을 테고, 전부 다 갖출 필요는 없지 하고 생각하는 사람도 있을 것이다.

그렇다면 당신은 연애나 결혼 상대에게 무엇을 원하는가?

여성이든 남성이든 함께할 상대를 선택하는 기준은 다양하다. 반드시 외모가 좋아야 한다거나, 외모는 별로라도 벌이만 있으면 된다거나,

외모와 벌이는 별로라도 성격이 좋으면 된다고 생각하는 등 기준은 제각각이다.

이건 또 마케팅과 무슨 관련이 있느냐고 반문하겠지만, 무엇을 살지와 누구를 만날지는 다양한 선택지 중에서 하나를 고른다는 점에서 똑같은 의사결정의 문제다. 어떤 결정을 내리든지 의사결정 방법에는 크게 2가지가 있다. 결혼 상대를 예로 살펴보자.

첫 번째는 외모, 수입, 성격을 종합적으로 판단해서 결정하는 방법이다. 두 번째는 외모가 어느 수준 이상이어야 한다거나 성격이 너무 까칠하면 안 된다는 등 각각의 측면에 주목해서 기준을 설정하는 방법이다.

의사결정 방법과 무관하게 선택지는 다양한 속성으로 이뤄져 있다. 속성이란 이 사례의 경우 외모, 수입, 성격을 말한다. 우리가 구매하는 제품 역시 마찬가지다. 스타벅스 커피는 '4,100원'으로 '진하게 로스팅' 했고 '특정 디자인의 컵'에 들어 있으며…. 이런 식으로 가격, 맛, 포장 등 여러 속성을 동시에 지닌다. 모든 사물은 다양한 속성을 가지고 있다.

두 가지 의사결정 방법을 다시 살펴보자. 전자처럼 모든 속성을 종합적으로 판단하는 방식을 '보완적 대안 평가'라고 한다. 쉽게 말해 속성끼리 서로 보완해준다는 뜻이다. 결혼 상대를 고를 때는 외모, 수입, 성격을 종합적으로 판단해서 한 속성의 장점이 다른 속성의 단점을 보충해준다. 가령 성격이 나쁘더라도 수입만 좋으면 괜찮다고 생각할 수 있는 이유는 높은 수입이라는 장점이 까칠한 성격이라는 단점을 보완해주기 때문이다.

한편 후자의 방식을 '비보완적 대안 평가'라고 한다. 성격이 너무 까칠하면 안 된다고 생각하는 사람은 상대가 돈이 많건 외모가 좋건 간에 고려하는 조건은 성격뿐이므로 나머지 속성이 가진 장점에 의미를 두지 않는다. 한 속성이 다른 속성을 보완해주지 않는 것이다.

두 가지 기본적인 의사결정 방법은 이해했으리라. 그렇다면 어느 쪽이 더 간단할까?

보완적 대안 평가가 비보완적 대안 평가보다 훨씬 까다롭다. 왜냐하면 보완적 대안 평가는 모든 속성의 검토가 필요하기 때문이다. 후자는 간단하다. '외모가 이 정도는 돼야지.' 하고 생각하는 사람은 수입이나 성격 등 다른 속성을 검토할 필요가 없다.

우리는 장을 볼 때 아주 비싸거나 의미 있는 물건을 살 경우를 빼고는 대개 적당히 결정한다. 또 시간이 없을 때 점심을 먹어야 한다면 맛이나 가게 분위기 등은 신경 쓰지 않고 빨리 먹을 수 있는 속성만을 고려해 가게를 정한다. 이런 사람이 어느 정도 있기 때문에 패스트푸드가 비즈니스가 된다.

비보완적 대안 평가는 쉽게 말해 '사고의 절약'이다. 우리는 아침에 일어나서 밤에 잠자리에 들기까지 무수히 많은 의사결정을 내린다. 치약을 칫솔에 얼마만큼 묻힐지, 상사에게 얼마나 살갑게 대할지, 계단을 이용할지 엘리베이터를 이용할지, 가려운 등을 지금 긁을지 나중에 긁을지 등 인간은 무수한 의사결정의 압박에 매 순간 노출되어 있다.

그러니 이런 상황에서 하나하나 보완적 의사결정을 하고 있다가는 머리가 터져 버릴지도 모른다. 그래서 우리는 비보완적 의사결정을 통해 머리에 가해지는 부담을 줄인다.

비즈니스에서는 상대가 어떤 속성에 주목해 의사결정을 하는지 파악할 수 있어야 한다. 옷을 팔 때 고객이 오래 입을 수 있는 옷인지를 신경 쓴다면 그 속성의 장점을 강조하는 편이 낫다. 하지만 판매하는 옷이 오래 입기 힘든 소재라면 '디자인이 심플해서 받쳐 입기 좋다'는 식으로 다른 속성을 어필한다. 이렇게 하면 옷을 고르는 기준이 바뀌기도 한다.

한 속성에 주목한다는 것은 다른 속성에 주목하지 않는다는 말과 같다. 이는 사고의 절약이 되지만 중요한 부분을 놓치고 있을 가능성 역시 내포한다. 그로 인해 쇼핑이나 연애 상대를 바라보는 시야가 좁아져 있을지도 모른다. 자신이 어떤 속성을 중요시하는가뿐만 아니라 어떤 속성을 도외시하는가까지 생각할 때 소비는 물론 인생에서도 현명한 선택을 내릴 수 있다.

---

**NOTE**

한 면을 본다는 것은 다른 면을 보지 않는다는 뜻이다.

# 26

## 원래 메이드 인 재팬은 싸고 질이 나쁘다는 뜻이었다

**원산지 효과**

소매업계는 새로운 고객의 유입을 위해 다양한 노력을 기울인다. 오니츠카 타이거라는 스니커즈는 일본을 방문하는 외국인에게 인기가 좋다. 오니츠카 타이거를 파는 매장에는 '일본제'나 'Made in Japan'이라고 써진 라벨이 붙어 있는 경우가 많은데, 일본인이 보기에는 큰 의미가 없을지 모르지만 외국인에게는 중요한 정보다.

여기서는 이 '메이드 인 ○○'을 생각해 보자. 메이드 인 재팬이 품질이 좋다는 뜻이라는 점에는 많이들 공감하지 않을까. 그러나 원래 메이드 인 재팬은 싸고 질이 나쁘다는 뜻이었다.

전쟁이 끝나고 패전국 일본이 미국에 수출한 품목은 양철 장난감이나 장식이 달린 이쑤시개 따위였다. 그런 수출품에는 Made in Japan이나 Made in Occupied Japan이라고 쓰여 있었다. 당시 미국인은 이런 제품을 가난한 나라가 수출한 조악한 물건으로 취급했다.

하지만 소니, 도요타, 혼다와 같은 제조업체가 품질 좋은 제품을 수출해 세계 시장을 장악하면서 그런 이미지는 사라졌다. 자세한 이야기는 소니 창업자인 모리타 아키오의 자서전에 잘 나와 있다. 30년 전에 쓰인 이 책의 제목은 다름 아닌 〈MADE IN JAPAN: 경험으로 터득한 국제 전략〉이다.

한편 〈백 투 더 퓨처〉라는 영화를 아는가? 1985년부터 1990년에 걸쳐 3편의 시리즈가 만들어진 아주 유명한 작품이다. 영화는 마티라는 고등학생과 브라운이라는 조금 이상한 박사가 타임머신으로 과거와 미래를 오간다는 내용을 담고 있다. 그중 3탄의 1955년을 그린 장면에서 박사는 "싼 걸 쓰니까 그렇지. 이것 봐, 메이드 인 재팬이잖아."라고 말한다. 그러자 마티가 "무슨 소리예요? 박사님, 좋은 건 전부 일본제라고요."라고 받아친다. 그 말을 들은 박사는 깜짝 놀란다.

1985년을 사는 마티에게 일본은 질 좋은 제품을 만드는 나라다. 하지만 1955년을 사는 박사에게 일본제는 조악한 품질의 상징이다. 영화가 만들어질 무렵이 일본 경제의 절정기였다는 점을 생각하면 대화의 시대 분위기를 가늠할 수 있으리라.

이렇듯 국가나 장소의 이미지는 해당 지역에서 생산되는 재화에도 반영된다. 이것을 '원산지 효과(Country of Origin Effect)'라고 한다. 원산지 효과에 관한 연구는 국제 마케팅 분야에서 깊이 있게 다루어진다.

프랑스 향수라고 하면 왠지 모르게 좋아 보이지 않는가? 반대로 중국산 농산물은 미안하지만 몸에 안 좋을 것 같다고 느끼는 사람이 많다. 이렇듯 어디서 생산되었는지가 제품의 이미지를 좌우하기도 한다.

원산지를 어필할 때는 특히 일본산이라거나 일본제라는 점을 어필할 때 조심해야 할 부분이 있다. 바로 일본인이 까다롭게 생각하는 '진짜'에 대한 고집이다. 일본인이 믿는 진짜가 타이인이나 프랑스인에게도 진짜라고는 할 수 없다. 초밥을 예로 들어보자.

일본인이 해외에 나가면 종종 '이 이상한 일본 음식은 뭐지' 싶은 순간을 마주한다. 미국에 가면 캘리포니아 롤처럼 일본에는 없는 초밥을 많이 본다. 일본인이 보기에는 이상하게 보일지라도 미국 사람에게는 그것이 진짜 초밥이다.

좀 더 들어가 보자. 초밥에 올라가는 대표적인 생선에는 무엇이 있을까? 다수의 일본인은 참치라고 답할 것이다. 그렇지만 외국인에게 초밥 하면 연어다.

타이의 회전초밥집은 대부분이 연어 초밥이다. 일반 초밥, 김으로 싼 초밥, 심지어는 국물에도 연어가 들어 있다.

프랑스 초밥집도 마찬가지다. 일본 사람은 점심으로 10개들이 초밥 세트를 먹을 때 당연히 10가지 각각 다른 재료가 올라간 메뉴를 주문한다. 반대로 프랑스 사람은 10개 모두 연어 초밥으로 된 세트를 주문하는 경우가 많다. 파리의 초밥집에서 초밥을 만드는 일본인 요리사가 하루가 멀다고 연어 초밥만 만들어서 힘들다고 토로할 정도였다.

프랑스인은 참치에 별로 관심이 없다. 그들 사이에는 초밥 하면 연어라는 이미지가 형성되어 있다. 다시 말해 타이인이나 프랑스인의 시선에서 연어야말로 진짜 초밥인 것이다. 초밥이라는 외국 요리에 대한 고정관념이라고 할 수 있다.

그렇다면 이런 고정관념에 부합한 마케팅을 구사해야 한다. 그러나 일본 기업은 일본인이 생각하는 진짜 초밥을 팔면 팔릴 거라는 고집이 너무 강한 탓에 해외에서 고전을 면치 못하고 있다.

초밥이 건강한 음식이라는 둥 일본인은 초밥을 매일 먹는다는 둥 일본인이 볼 때는 진부하고 잘못된 이미지가 있다. 하지만 아니라고 부정할 것이 아니라 그런 상식에 맞춰 어떻게 팔지를 생각해야 한다.

바람직한 원산지 효과를 위해서는 자신이 어필하고 싶은 이미지가 아니라 타깃이 가진 이미지에 맞추려는 노력이 필요하다. 이런 자세는 외국인 관광객 대상의 마케팅은 물론이고 한 나라의 문화 정책을 세울 때도 중요하다. 이 문제는 뒤에서 다시 다룬다.

---

**NOTE**

외국인을 대상으로 비즈니스를 할 때는
외국인의 상식에 맞춘다.

# 27 | 매장 안에는 비계획 구매를 유발하는 아이디어가 넘쳐난다

## 비계획 구매

구매 목록을 작성하고도 메모를 두고 나오는 사람에서 언급한 대로 우리는 장을 볼 때 무엇을 살지 어떤 브랜드를 살지 사전에 반드시 정하고 가진 않는다. 매장에 가서 결정할 때도 많다. 이런 구매 방식을 '비계획 구매'라고 한다.

편의점에 갈 일이 있다면 계산대 주위를 잘 살펴보자. 소시지 통 따위가 계산대 옆에 놓여 있을 때가 있다. 계산하려던 사람이 소시지를 발견하고는 '아, 맛있겠다. 하나 살까?' 하고 생각하기도 한다. 이것이 바로 충동 구매를 유도하는 방법이다. 가게에 들어갈 때까지는 생각지도 않은 물건을 그 자리에서 보고 마음에 들어 사는 일이 많을 것이다.

충동 구매는 비계획 구매다. 하지만 충동 구매만이 비계획 구매는 아니다. 충동 구매는 비계획 구매의 다양한 패턴 중 하나일 뿐이다.

**비계획 구매 · 계획 구매**

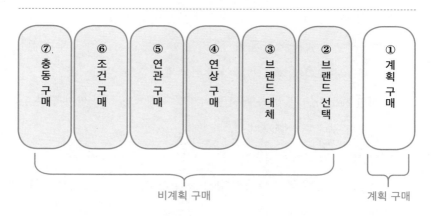

위의 그림처럼 계획 구매를 포함하면 7가지 패턴이 있다. 이 분류는 가쿠슈인대학교 아오키 유키히로 경제학부 교수의 〈소비자 행동 지식 (消費者行動の知識)〉이라는 책 내용을 기반으로 한다. 그림 각각을 살펴보자.

첫 번째, 계획 구매란 펩시콜라를 사려고 들어가서 실제로 펩시콜라를 사는 경우다.

두 번째, 브랜드 선택이란 콜라를 사려고 들어가서 펩시로 할지 코카콜라로 할지 고민하는 경우다.

세 번째, 브랜드 대체란 펩시콜라를 사려고 들어갔는데 마음을 바꿔 코카콜라를 사는 경우다.

앞서 예로 들었던 소시지 충동 구매와 다르게 느껴질지도 모르지만 브랜드 선택이나 브랜드 대체 역시 비계획 구매의 한 종류다.

이 두 가지 비계획 구매는 매장의 선반 진열 방식의 중요성을 잘 보여 준다. 만약 펩시콜라가 음료수 진열대의 절반 이상을 차지한다면 브랜드 선택이나 브랜드 대체를 통해 펩시콜라를 살 확률이 높아지기 때문이다. 따라서 제조사는 자사 제품의 진열대 확보에 열을 올린다.

하지만 제조사는 또 다른 패턴의 비계획 구매에도 신경 써야 한다. 나머지 비계획 구매도 살펴보자.

네 번째, 연상 구매는 까먹은 것을 생각나게 만드는 진열 방식으로 구매를 유도한다. 대형 마트 계산대 앞에 놓인 건전지는 TV 리모컨 건전지를 사야 한다는 사실을 깨닫게 해주는 역할을 한다.

또 조미료 코너에 진열된 고추냉이나 겨자를 보고 '아 참, 고추냉이가 떨어졌지.' 하고 떠올리기도 한다. 이는 진열대가 외부 기억의 역할을 함과 동시에 비계획 구매를 유도하는 역할을 한다고 할 수 있다.

다섯 번째, 연관 구매는 관련된 상품을 함께 사는 구매 방식이다. 돼지고기나 소고기, 농산물 코너 구석에 불고기 양념이 놓여 있는 경우가 좋은 예다. 또 한여름에 보신용 장어 옆에 시원한 맥주를 함께 진열하는 사례도 있다.

이렇듯 관련 상품을 나란히 진열하면 어느 한쪽이 계기가 되어 추가

구매를 유발하므로 결과적으로 고객이 더 많은 상품을 구매하게 된다.

그럼 연관 진열을 많이 하면 되겠다고 생각할 수도 있지만 사실 연관 진열에는 단점도 있다.

몇 년 전 일본에서는 '떠먹는 고추기름'이 유행해서 일시적으로 품절 대란을 일으킨 적이 있다. 두부나 밥에 얹어서 먹어도 맛있고, 볶음 요리에 넣어 먹을 수 있다 보니 떠먹는 고추기름은 두부 코너 같은 곳에도 진열되어 있었다고 한다.

그러나 이렇게 다양한 장소에 진열하면 관리가 번거롭다. 원래 모든 상품에는 제각각 정해진 진열 장소가 있다. 떠먹는 고추기름은 고항데스요!(밥도둑으로 유명한 일본의 김 조림 반찬-옮긴이)처럼 병에 든 조림 반찬 옆에 있어야 한다. 왜냐하면 이 제품은 고항데스요!를 만든 식품 기업 모모야가 가장 먼저 상품화했고, 밥반찬이라는 동일 카테고리에 속하기 때문이다.

두부 코너처럼 원래 자리가 아닌 곳에 진열하면 제조사와 마트가 모든 장소의 재고를 관리해야 한다. 연관 진열을 하면 팔릴 확률이 높으니 더 많은 장소에 진열하면 될 것 같지만 관리를 생각하면 판단이 어려운 문제다.

여섯 번째, 조건 구매란 오늘만 특가라거나 한정 수량, 지금이 제철이라는 말에 이때 아니고는 기회가 없다는 생각으로 구매에 이르는 방식이다.

'토용에는 장어를 먹는다'(토용은 오행에서 땅의 기운이 왕성한 네 절기인

입춘, 입하, 입추, 입동 전 각 18일을 가리킨다. 복날에 몸보신으로 삼계탕을 먹는 한국처럼 일본도 보통 여름에 장어를 먹는다–옮긴이)라는 풍습을 만든 사람은 에도 시대 학자였던 히라가 겐나이로 알려져 있다. 사실 장어는 꼭 여름에 먹어야 하는 음식도, 여름에 유난히 맛있는 것도 아니다. 하지만 사람들은 '토용에는 장어지.' 하고 일부러 먹는다. 이것은 1년에 한 번뿐인 조건 구매라고 할 수 있다.

마지막 일곱 번째, 충동 구매란 그 자리에서 순간 마음에 든 물건을 구매하는 방식이다. 처음에 소개한 소시지의 사례나 한번 보고 마음에 든 옷을 그 자리에서 사는 경우를 떠올려보자.

이렇듯 충동 구매 이외에도 우리는 다양한 비계획 구매를 한다. 계획 구매를 빼고 자그마치 나머지 6가지가 비계획 구매인데, 모든 가게에는 비계획 구매를 유발하는 아이디어가 넘쳐난다. 그런 아이디어를 한번 찾아보면 어떨까.

---

**NOTE**

매장은 비계획 구매를 유발하는 아이디어로 가득하다.

---

# 28 '쇼핑 부기'를 부른 가사기 시즈코도 마트에서 장을 보고 싶었을지 모른다

**원스톱 쇼핑,
로스 리더,
마진 믹스**

1950년에 발표된 가사기 시즈코의 〈쇼핑 부기(買い物ブギー)〉라는 노래는 내 수업의 테마송이다. 반드시 수업 첫날에 들려준다. 이 곡의 뮤직비디오는 고전 중의 고전이라 해도 좋을 걸작이다. 앞치마를 입고 장바구니를 든 가사기 시즈코가 노래를 부르며 생선 가게, 채소 가게, 가전 양판점, 담배 가게를 돌아다닌다. 그 모습을 거의 롱테이크로 한 대의 카메라가 계속 촬영한다.

나는 자취생에게 평소 장은 어디서 보는지를 묻는데 대다수가 마트에서 해결한다고 대답한다. "시장에 가면 정육점, 생선 가게, 채소 가게가 있잖아. 왜 거긴 안 가니?" 하고 물으면 따로따로 사는 게 귀찮아서 라고 한다.

마트에서는 일상에 필요한 고기, 생선, 채소를 살 수 있다. 이런 품목을 신선식품이라고 한다. 신선식품을 시장에서 사려면 돈을 세 번 내야 한다. 하지만 슈퍼에서 사면 돈을 한 번만 내면 된다. 이것을 '원스톱 쇼핑'이라고 하는데 마트라는 소매 업태가 가진 큰 장점이라고 할 수 있다.

마트는 원스톱 쇼핑이라는 편리함만을 제공하는 것이 아니다. 마트에서는 매장 점원을 통하지 않고도 장을 볼 수 있다. 원하는 물건을 장바구니에 넣고 계산대에서 돈을 내기만 하면 된다. 계산대 직원과 말 한마디 섞지 않는 것은 조금 그렇지만 말하기 싫으면 안 해도 된다. 요즘 간간이 보이는 무인 계산대라면 정말 말 한마디 하지 않고도 쇼핑이 가능하다.

가게는 점원과 소통이 필요한 곳과 그렇지 않은 곳으로 나뉜다. 화장품을 마트에서 살 때는 소통이 필요 없지만 백화점에서 살 때는 소통이 필요하다. 마트는 점원을 통하지 않고도 물건을 살 수 있는 다양한 장치가 마련되어 있다. 모든 물건에는 저마다 가격표가 붙어 있기 때문이다. 가격표가 없다면 점원에게 일일이 가격을 물어야 한다.

또 이런 가게의 모든 상품은 포장이 되어 있다. 생선이나 고기는 냉장고 안이나 얼음 위에 포장 없이 진열된 것이 아니라, 하얀 용기에 담겨 투명 랩으로 포장되어 있다. 그러므로 생선 가게에서 "이거 주세요." 하고 봉지에 담는 과정이 마트에서는 불필요하다. 또 랩이 투명하다는 점도 중요하다. 만약 투명하지 않다면 생선이 신선한지를 알 수 없으니 점원에게 내용물을 보여달라고 부탁해야 한다.

점원과의 소통이 줄어들면 배치하는 점원의 수를 줄일 수 있다. 또 고객과의 접촉은 거의 계산대에 집중되므로 고객 응대 시간도 줄어든다. 그 대신 상품 가격을 더 낮출 수 있다. 마트는 이런 이점을 십분 활용한다. 한편 고객 중에는 점원과의 소통을 번거롭게 여기는 사람도 있다. 그런 사람에게 편리한 소매 업태라고도 할 수 있다.

마트는 이외에도 제품 가격을 낮추기 위한 노력을 하고 있다. 위에서 마트는 원스톱 쇼핑이 가능하다고 했는데 이 말은 비싼 물건과 싼 물건을 함께 팔 수도 있음을 의미한다. 무슨 뜻일까?

당신은 마트에서 특가로 나온 달걀이나 햄, 두루마리 휴지를 본 적이 있지 않은가? 마트는 고객을 모으기 위해 채산성을 고려하지 않은 미끼 상품을 판매한다. 이것을 '로스 리더'라고 하는데 고객은 이를 목적으로 마트를 찾는다. 만약 특가 상품만 사고 돌아가는 고객이 많다면 장사를 유지할 수 없다. 미끼 상품은 손해를 감수한 가격이기 때문이다.

고객은 달걀이나 두루마리 휴지만 사고 가는 것이 아니라 장을 보는 김에 다른 물건도 산다. 마트는 이렇듯 이익률이 높은 상품을 함께 사게 만들어서 로스 리더로 발생한 손실을 메꾼다.

이익률이 다른 상품을 함께 판매해서 결과적으로 이익을 얻는 방식을 '마진 믹스'라고 한다.

지금까지 영어로 된 단어가 세 개 나왔다. 원스톱 쇼핑, 로스 리더,

마진 믹스는 서로 연관이 있다. 먼저 고객은 쇼핑을 한 번에 끝내고 싶어 한다. 그리고 저렴한 제품을 사고 싶어 한다. 이 두 가지 이유로 고객이 비싼 제품과 싼 제품을 함께 사기 때문에 마트는 필요한 이익을 얻을 수 있다.

이것이 대형 마트의 비즈니스 구조다. 이런 관점에서 마트를 보면 흥미롭다. 예를 들어 로스 리더는 마트 안쪽에 자리하는 경우가 많은데, 이는 로스 리더까지 가는 동선을 늘릴 수 있기 때문이다. 동선이 길어지면 구매하는 제품 수가 늘어난다는 공식은 소매업계의 상식이다.

마트는 재밌는 곳이다. 그 재미를 더 알고 싶다면 〈슈퍼의 여자(スーパーの女)〉라는 영화를 봐야 한다. 뒤에서 설명하겠다.

---

**NOTE**

마트는 싼 물건과 비싼 물건을 함께 사는 곳이다.

---

# 29 슈퍼마켓은 상품이 불티나게 팔려도 재고 소진이 없는 시스템이다

## 인스토어
## 방식

이타미 주조 감독의 〈슈퍼의 여자〉라는 영화를 아는가? 나는 매년 수업에서 학생들에게 이 영화를 보여준다. 1996년 작품으로 학부생들은 태어나기도 전에 나온 옛날 영화다.

영화는 슈퍼마켓의 뒤 공간에서 이뤄지는 내부 가공 등 평소 고객의 눈에는 보이지 않는 무대 뒤를 재밌고 리얼리티 넘치는 필체로 그려낸다. 업자가 운영하는 채소 가게, 정육점, 생선 가게 등 여러 업종을 한데 모아 놓은 것에서 근대적인 운영 방식으로 신선식품과 반찬 등을 최적의 타이밍에 판매할 수 있게 된 슈퍼마켓의 발자취를 배울 수 있는 매우 좋은 영화다.

이 영화는 아즈치 사토시(安土敏)라는 소설가가 쓴 〈소설 슈퍼마켓(小説 スーパーマーケット)〉이 원작이다. 좌절과 절망까지 사실적으로 다룬 원작과 달리 영화는 철저히 오락을 추구하는 감독 특유의 작품 스타일 때문에 아주 코믹하다. 그래서 그런지 학생들은 허구의 이야기라고 생각하는 경향이 있어서 영화를 보여준 다음 수업에서는 영화의 배경을 설명한다.

아즈치 사토시가 수도권에 점포를 다수 보유한 슈퍼마켓 체인점 서밋의 대표 아라이 신야라는 점, 감독이 서밋과 간사이 슈퍼마켓 점포를 시찰하고 〈소설 슈퍼마켓〉 등을 참고해서 시나리오를 완성했다는 점, 아라이 신야 대표가 스미토모 상사에서 서밋으로 이직해왔다는 점 등을 이야기해준다.

아즈치 사토시라는 필명으로 1987년에 저술한 〈일본 슈퍼마켓 원론(日本スーパーマーケット原論)〉에 따르면 이 소설은 1980년 1월부터 13개월간 월간지 〈판매혁신(販売革新)〉에 연재한 '타인의 성(他人の城)'을 바탕으로 한다고 한다. 저자는 소설을 단행본으로 엮으면서 편집자로부터 좀 더 경제 소설다운 제목이 좋겠다는 말을 들었을 때를 다음과 같이 회상한다.

> "그럼 '슈퍼마켓'이 딱이겠네요."라고 했는데 편집자는 여전히 못 미더운 눈치였어요. 슈퍼마켓이라고 하면 더할 나위 없이 가볍고 저렴한 이미지라서 소설이 담고 있는 내용

을 떠올리기 힘들다는 게 이유였죠. 결국 그때는 '소설 유통산업(小說流通産業)'이라는 제목으로 출간하고 나중에 문고판을 출간할 때 '소설 슈퍼마켓'으로 제목을 바꿨습니다.

학생들은 슈퍼마켓이 가볍고 저렴한 이미지였다는 사실에 놀란다. 그때 이런 설명을 해준다. 전후 일본에 슈퍼마켓이 등장했을 때 이런 비즈니스는 곧 사라질 거라는 의미로 "'슈'욱 나타나서는 '퍼'엉 사라지는 게 슈퍼다."라는 말이 돌았다고 말이다. 수업에서 이 농담을 하려고 학생들에게 영화를 보여준다는 사실은 비밀이다.(웃음)

영화에서는 슈퍼마켓 사장 고바야시 고로와 그의 소꿉친구 하나코가 진행하는 개혁에 반기를 드는 직원들의 거친 모습이 그려진다. 수산물 코너 직원이 생선 피로 더러워진 냉염수 처리통의 물을 마셔 보이거나, 마음에 들지 않는다며 선어 매장의 활어 수조를 때려 부수는 장면은 실제로 있었던 일이라고 한다. 정육 코너 직원이 육류 영업에 의견을 낸 경영자에게 "모르면 입 다물어." 하고 회칼을 치켜드는 장면도 실제로 있었다고 한다. 이에 대해 아즈치 사토시는 〈일본 슈퍼마켓 창론(日本スーパーマーケット創論)〉에서 다음과 같이 말한다.

"영화를 보는데 눈물이 나더군요. 똑같은 경험이 있거든요. 관객은 껄껄 웃고 있는데 저만 울고 있었어요. 묘한 기분이었습니다." 슈퍼마켓 체인점 야오코의 대표 가와노 유키오

씨가 내게 말했다. 그 외에도 여러 창업자에게서 비슷한 이
야기를 들었다. 물론 내게도 비슷한 경험이 있었다.
그 실제 사례를 감독에게 이야기한 것이다.

이제는 쇼핑 장소로 일상의 풍경이 된 슈퍼마켓이 이런 노력으로 일
궈졌다는 사실을 학생들은 천천히 깨닫는다.

1960년대 말 슈퍼마켓의 여명기에 신선식품을 취급하는 선진적인
방법은 '센트럴 패키지 방식'이었다. 슈퍼마켓이 아닌 다른 장소에서 신
선식품을 가공해 각각의 영업점에 배송하는 방식으로 서밋이 이 방식
을 도입했다.

이 방식을 바꾼 사람이 간사이 슈퍼마켓의 창업자 기타노 유지다. 그
는 슈퍼마켓이란 일종의 '반찬가게'로 집밥을 위한 재료를 파는 곳이라
고 생각했다. 외식의 반대말인 집밥이 재료를 사서 집에서 직접 요리하
는 식사 형태라는 사실은 모르는 이가 없을 것이다. 여담으로 일본에는
나카쇼쿠라는 말도 있는데, 슈퍼나 백화점 지하 매장에서 조리한 음식을
집에 가져와서 먹는 식사를 가리킨다.

반찬가게는 신선식품의 신선도가 생명이다. 그러나 센트럴 패키지
방식은 가공한 신선식품이 매장으로 배송되는 동안 신선도가 떨어진다.
또 재고가 바닥나면 다시 채우기까지 시간이 걸리기 때문에 재고 부족
비용이 발생한다.

그래서 탄생한 것이 매장 내에서 가공하는 '인스토어 방식'이다. 다른

장소가 아닌 슈퍼마켓의 뒤 공간에서 신선식품의 가공 작업을 하는 것이다. 그러면 식품을 매장에 빠르게 보충할 수 있다. 이 방식을 일본 소매업계에서는 '간스파 방식(関スパ方式)'이라고 부른다.

우리는 슈퍼마켓의 매장만을 본다. 하지만 매장 뒤편에는 좋은 제품을 효율적으로 제공하기 위한 시스템이 가동되고 있다. 〈슈퍼의 여자〉를 보면 그 비밀을 알 수 있다.

---

**NOTE**

슈퍼마켓의 뒤 공간에는 매장 재고를

단시간에 보충하기 위한 시스템이 있다.

---

# 30 기대치 높이지 마, 만족은 기대 심리로 결정된다

## 기대 심리와
## 지각된 성과

고객 만족이 중요하다고들 한다. 만족하기 때문에 지갑을 열고 만족했기 때문에 또다시 지갑을 연다. 그렇다면 얼마나 만족할지는 어떤 식으로 정해질까?

대학 수업을 예로 들어보자. 신학기가 되면 학생들은 어떤 수업을 들을지 고민한다. 평이 좋다는 소문을 들으면 재밌겠다는 생각에 해당 수업을 신청하는 학생이 늘어난다. 하지만 실제로 수업을 들어보면 생각만큼 재밌지 않다고 느끼는 학생이 많다. '평이 좋으니 당연히 재밌겠지.'라는 높은 기대 심리가 형성되면 기대를 만족시키기가 어렵다. 기대 심리라는 키워드를 살펴보자.

4월이 되면 내가 맡은 논문팀에는 3학년생들이 들어온다. 그래서 4학년생을 3학년생에게 소개하는데 그때 "누구누구는 항상 웃긴 얘기를 한다."라고 말한다. 그러면 당사자는 "선생님, 제발요. 기대치 높이지 마세요!"라고 한다. 이것은 평이 좋은 수업이 그다지 재미가 없다는 이야기와 같은 이치다.

이렇게 앞으로 재밌는 이야기를 해주리라는 기대를 미리 갖게 하면 웃기기 힘들어진다는 일종의 딜레마에 빠진다.

그런 탓에 수업에서는 학생들에게 항상 "기대 심리가 너무 높아도 안 되고 너무 낮아도 안 돼. 왜일까?" 하고 묻는다. 과연 무엇 때문일까?

기대 심리가 너무 높으면 안 되는 이유는 앞서 말한 대로 기준이 높아지면 만족할 확률이 낮아지기 때문이다. 맛집 사이트의 평점이 높은 식당이 정작 그렇게 맛있진 않았던 경험이 있지 않은가?

한편 너무 낮아도 안 되는 이유를 수업을 예로 들어 설명하면 수업을 선택하지 않을 확률이 높기 때문이다. 맛집 사이트도 마찬가지다. 평점이 너무 낮으면 애초에 식당에 가볼 생각조차 하지 않는다.

그러므로 적당한 기대 심리를 만드는 것이 좋다. 이 적당함의 정도를 알기 위해서는 '지각된 성과'와의 관계를 보는 것이 중요하다. 지각된 성과란 제품이나 브랜드가 실제로 얼마나 좋은 성과를 내는가에 대한 고객의 체감을 말한다. 기대 심리와 지각된 성과의 관계에는 다음 3가지 패턴이 있다.

## 기대 심리와 지각된 성과의 관계

① 기대 심리  〉  지각된 성과

② 기대 심리  =  지각된 성과

③ 기대 심리  〈  지각된 성과

첫 번째는 기대 심리가 지각된 성과보다 높은 경우다. 이는 앞서 설명한 대로다.

두 번째는 기대 심리가 지각된 성과와 비슷한 경우다. 이 경우 고객은 기대한 만큼의 결과를 얻으므로 만족한다.

세 번째는 지각된 성과가 기대 심리보다 높은 경우다. 이 경우 '이렇게 맛있을 줄은 몰랐어.', '이렇게 싸다니!' 등 예상외의 놀라움과 기쁨이 있다. 그래서 다시 식당을 찾거나 산 물건을 다시 사게 된다. 또 어쩌면 '이 가게 맛있어.', '이거 써보니 좋더라.'라며 친구에게 추천할지도 모른다.

입소문에 관한 연구에 따르면 좋은 소문보다 나쁜 소문이 더 잘 퍼진다고 한다. 역시 인간은 험담을 좋아한다. 뒤집어 말하면 좋은 소문을 만들기는 어렵다는 뜻이다. 따라서 기대 심리를 웃도는 성과를 만드는 일이야말로 호의적인 입소문을 내는 효과적인 방법이라고 할 수 있다.

리츠칼튼이라는 고급 호텔을 아는가? 리츠칼튼에서는 한겨울에도 수박이 먹고 싶다는 고객의 요구를 들어준다고 한다. 그리고 호텔에 머무는 동안 자신에게 맞게 조정한 테이블이나 조명의 위치, 서비스 과일에서 남긴 과일까지 숙박한 고객의 정보를 기록해서 다음에 다시 숙박할 때는 그 레이아웃을 재현하거나 남겼던 과일은 내지 않도록 한다. 게다가 단골의 이름을 벨보이도 기억하는 등 고객의 취향과 정보를 데이터베이스로 구축하고 있다.

다만 리츠칼튼의 사례는 상당히 유명해서 기대 심리가 매우 높다고 할 수 있다. 많은 고객이 '내 이름을 알까?', '어떤 서프라이즈를 해줄까?' 하는 마음으로 호텔에 갈지도 모른다. 따라서 새로운 서프라이즈를 만들어내기가 어렵다. 기대치가 한층 높아진 것이다.

나는 머리말에서 이 책은 철저하게 재미가 없을 것이라고 했다. 이 책에 대한 기대 심리를 낮췄다고 할 수 있다. 만족 여부는 각자의 판단에 맡기겠다.

---

**NOTE**

기대 심리는 적당하게.

---

# 31 미스터 도넛은
어느 회사가 소유한
브랜드일까?

## 기업 브랜드와
## 제품 브랜드

당신은 이치방 시보리가 어느 회사 브랜드인지 아는가? 슈퍼 드라이, 프리미엄 몰츠, 에비스는 어떤가? 정답은 차례대로 기린, 아사히, 산토리, 삿포로이다.

그럼 미스터 도넛은 어떤가? 정답은 다스킨이다. 아는 사람이 거의 없지 않을까 싶다. 미스터 도넛은 매장 내 광고에서 다스킨이 소유한 브랜드임을 어필하지 않기 때문이다.

반대로 이치방 시보리는 기린 브랜드라는 점을 적극적으로 홍보한다. 광고 시작과 끝에 브랜드 로고가 나온다. 미스터 도넛과 이치방 시보리는 어느 회사 소유인지를 고객에게 노출하는 점에서 크게 다르다. 이렇게 생각하면 '기업 브랜드'와 '제품 브랜드'의 관계는 크게 두 가지로 나눌 수 있다.

첫 번째는 기업 브랜드를 노출하는 경우다. 기린 이치방 시보리나 산토리 위스키 히비키, 도요타 카로라 등이 그렇다. 일본 기업은 전통적으로 기업 브랜드를 내세우는 경향이 있다. 왜냐하면 누가 제조하고 판매하는가를 정확히 알려야 고객에게 믿음을 줄 수 있다고 생각하기 때문이다. 사람으로 따지면 신원이 확실한 셈이다.

또 새로운 브랜드를 출시할 때 기업 브랜드로 홍보하면 기업이 가진 기존 브랜드의 좋은 이미지가 신규 브랜드를 이끌어준다. 화장품 기업 카오는 메리트, 비오레, 니베아(원래는 독일 바이어스도르프사의 화장품 브랜드로, 1968년에 카오와 합작해 '니베아카오'를 설립했다-옮긴이) 8×4와 같은 스테디셀러 브랜드를 여럿 보유하고 있다. 몇 년 전 카오는 리라이즈라는 새치 염색약 브랜드를 출시했다. 리라이즈 포장지에는 카오의 로고가 새겨져 있다. 고객은 이 로고 덕분에 리라이즈라는 낯선 브랜드를, 메리트나 비오레를 오랫동안 판매해온 믿을 만한 기업의 괜찮은 제품이라고 생각한다. 다시 말해 새 브랜드를 출시한 기업 브랜드가 기존 제품 브랜드와 신규 제품 브랜드를 아우르는 역할을 해주는 것이다.

기업 브랜드와 제품 브랜드의 또 하나의 관계는 기업 브랜드를 감추는 경우다. 기업 브랜드가 제품 브랜드의 이미지에 악영향을 줄 때는 감추는 편이 낫다. 다스킨의 주된 사업은 청소 용품 대여 서비스이다. 청소

용품을 대여하는 기업이 도넛을 판매한다고 하면 그다지 좋지 않은 인상을 줄 수도 있다.

또 프링글스라는 감자칩은 P&G가 판매하는 제품이었다. P&G는 세제를 판매한다는 이미지가 강하다. 세제를 파는 회사의 감자칩이라니 왠지 맛있게 느껴지지 않는다. 참고로 P&G는 SK-Ⅱ라는 고급 기초화장품 브랜드도 보유하고 있다. 하지만 내가 아는 한 P&G는 SK-Ⅱ가 자사 브랜드라는 사실을 적극적으로 홍보하지 않는다. 기업 브랜드가 노출되면 SK-Ⅱ의 고급 이미지에 타격을 입는다고 생각하기 때문이리라.

P&G처럼 서구 기업은 기업 브랜드를 감추고 제품 브랜드를 전면에 내세우는 경향이 있다. 이렇게 하면 개개의 제품 브랜드 이미지를 자유롭게 구축할 수 있다.

세계 최대 화장품 기업인 로레알은 어떤 브랜드를 보유하고 있을까? 먼저 랑콤이 있다. 랑콤은 프랑스의 고급스러운 이미지가 느껴진다. 또 키엘이라는 스킨케어 브랜드도 가지고 있다. 키엘은 뉴욕의 내추럴한 느낌을 준다. 슈에무라 역시 로레알의 브랜드인데 일본의 동양적인 메이크업을 떠올리게 한다. 로레알은 각 브랜드에 나라의 이미지를 부여하고 있다.

이 세 브랜드가 같은 기업이라는 것을 아는 사람은 화장품에 관심이 많은 이를 빼면 그리 많지 않다. 왜냐하면 로레알은 이들 브랜드에 굳이 로레알이라는 기업 브랜드를 노출하지 않기 때문이다.

기업 브랜드를 감추는 이유는 제품 브랜드의 이미지에 악영향을 주기 때문이라고 앞서 설명했지만 로레알은 사정이 좀 더 복잡하다. 로레알은 로레알파리라는 제품 브랜드도 가지고 있다. 로레알파리는 저가 매장 등에서 판매되는 대중적인 브랜드이다. 이로 인해 고객은 로레알이나 로레알파리 로고를 보면 '저가 매장에서 파는 거네.' 하고 생각해 버린다. 그런 이미지 때문에 로레알 랑콤이나 로레알 키엘처럼 기업 브랜드를 노출하면 랑콤의 고급스럽고 키엘의 내추럴한 이미지가 훼손된다.

기업 브랜드를 감추는 이유는 이것 말고도 두 가지가 더 있다. 하나는 로레알 랑콤이라고 이름 붙이면 '뭐야, 전부 같은 회사 브랜드잖아.' 하고 생각해서 제품 브랜드의 개성이 사라진다.

또 하나는 기업 브랜드를 감추면 제품 브랜드를 쉽게 사고팔 수 있다. 마이유라는 프랑스 머스터드, 피클 브랜드가 있다. 이 브랜드는 2000년에 유니레버가 매수했다. 훗날 유니레버는 필요에 따라 마이유를 다른 기업에 팔지도 모른다. 그때 유니레버 마이유라고 되어 있으면 팔기가 힘들어진다. 참고로 프링글스 역시 P&G가 켈로그에 매각했다는 사실을 알아주기 바란다.

일본의 경우 마이유는 에스비 식품이라는 회사가 판매하고 있다. 뒷면에 붙은 라벨을 보면 그 사실을 알 수 있다. 학생들에게도 브랜드의 소유 기업을 라벨로 확인해보라고 알려준다. 당신도 한번 확인해보라.

# 32

# 부부 사이의
# 권력 구조를 이용해
# 트렌치코트를
# 파는 법

## 가족 의사결정과
## 폴리틱스

슈트 패션이 매번 완벽한 남자가 있다. 아마 패션에 관심이 많아서가 아닐까 싶다. 하지만 패션에 관심이 없는 사람일 가능성도 있다. 아내가 전부 남편의 옷을 준비해주는 남자라면 말이다. 시대가 변해서 지금은 그렇게 골라준 대로 입는 남편이 많이 없어졌겠지만 과거에는 슈트부터 양말, 손수건까지 자기 옷을 아내에게 전부 맡기는 사람이 많았다.

그런 사람에게 신사복을 팔려면 어떻게 해야 할까? 예를 들어 트렌치코트를 판다면 어떻게 하겠는가? 바로 의사결정자인 아내의 마음을 사로잡으면 된다. 한 신사복 브랜드는 옷을 입는 남성이 아닌 남성의 아내가 좋아할 만한 디스플레이에 심혈을 기울인다고 한다.

상상해 보자. 평일에 전업주부인 아내가 백화점에 간다. 여성복 플로어에서 자기 옷을 본 뒤 남성복 플로어로 간 그녀는 거기서 멋진 트렌치코트를 발견한다. '이 코트, 괜찮네.' 하고 생각한다.

주말에 아내는 남편을 데리고 다시 백화점으로 간다. 패션에 관심이 없는 남편은 아내가 하라는 대로 그 코트를 입어 본다. 사이즈만 맞으면 상관없다고 생각하기 때문에 아내의 말대로 코트를 산다.

파코 언더힐(Paco Underhill)은 〈쇼핑의 과학(Why We Buy)〉이라는 흥미로운 책을 썼다. 언더힐은 매장 안에서 소비자의 행동을 자세히 관찰한 뒤 매장 레이아웃 아이디어 등을 제안하는 컨설턴트이다. 그가 관찰한 바에 따르면 옷을 입어 보는 횟수는 남성이 더 많다고 한다. 그리고 입어본 후에 '다음에 올게요.' 하고 사지 않고 가게를 나서는 사람은 여성이 더 많다고 한다.

다시 말해 남성은 옷만 입히면 그 옷을 살 가능성이 크다는 뜻이다. 어떻게 하면 옷을 입게 할 수 있을까. 방법은 옷을 입게 만드는 힘을 가진 사람, 즉 아내의 마음을 사로잡는 것이다. 이런 식으로 부부간의 '폴리틱스(정치적 권력 관계)'를 이용하면 남성 코트를 팔 수 있다.

사용자와 결정자가 다르거나 사용자와 결제자가 다른 경우는 러블리 요요의 사례처럼 가족 안에서 다양하게 존재한다. 지금까지 살펴본 소비자의 의사결정은 개인의 이야기였다. 그러나 세상에는 가족이라는 단위로 구매 의사결정을 내리는 경우도 많다. 여러 사람이 관련되기 때문에 당연히 개인과는 다른 방식으로 의사결정이 이뤄진다.

다수가 연관되는 의사결정에는 크게 두 가지가 있다. 부부의 사례를 다시 살펴보자.

첫 번째는 상의해서 구매하는 방법이다. 교육 수준이 높은 사람일수록 상의해서 의사결정을 내리는 경우가 많다고 알려져 있다.

두 번째는 사는 물건에 따라 역할을 나누는 방법이다. 세탁기나 냉장고 등 가전을 살 때는 전업주부인 아내가 결정권을 가지는 경우가 많다. 그 대신 자동차를 바꿀 때는 남편이 주도권을 가질 수도 있다.

부부는 세월이 흐를수록 하나하나 확인하지 않고도 서로의 취향을 고려해 의사결정을 할 수 있다. 가령 옷이나 음식도 '이 색은 취향이 아니야.'라든가 '이건 맛이 너무 진해서 싫어할 거야.' 하고 서로의 취향을 생각하며 의사결정을 내린다.

따라서 판매자는 가족 구성원 사이에 존재하는 영향력의 관계를 적절하게 읽어내는 것이 중요하다. 이는 부부뿐만 아니라 부모와 자식 간에도 마찬가지다.

아이가 개를 키우고 싶다고 했을 때 부모는 제대로 돌보라면서 내키진 않지만 허락할 때가 있다. 그런데 허락하면 과연 어떤 일이 일어날까? 가족마다 천차만별이긴 하나 그중에는 결국 아이가 돌보지 않아서 아버지가 운동삼아 매일 아침 개를 산책시키는 가정도 있다.

가족이 무언가를 살 때는 다양한 역할이 있다. 누가 이야기를 꺼낼지, 누가 입김이 센지, 누가 제일 잘 알지, 누가 진짜 결정을 할지, 누가 돈을 낼지, 개를 산책하는 일처럼 누가 관리를 할지 등등이다.

가족을 판매 대상으로 할 때는 누가 어떤 역할을 맡고 있는지를 파악할 필요가 있다. 가정에 따라서는 아이의 고집대로 해주는 경우도 있고, 엄마의 파워가 센 곳도 있고, 앞서 설명한 대로 가전은 엄마, 자동차는 아빠라는 식으로 분담하는 곳도 있다.

자동차 딜러가 영업할 때는 자동차를 바꾸려고 생각하는 가족 중 누가 운전을 할지, 누가 발언권이 센지 등 가족 구성원의 폴리틱스를 꿰뚫어봐야 한다.

이는 사실 B to B 영업도 마찬가지다. 원자재를 기업에 판매할 때는 직접 창구 역할을 하는 사람, 구매할 원자재를 정하는 사람, 원자재를 실제로 사용하는 사람 등 조직 내에서도 가족처럼 다양한 역할이 있다. 영업에서 가장 피해야 할 행동은 창구 역할을 하는 담당자의 말을 가볍게 치부하는 것이다. 진짜 권력자, 다시 말해 조직 내 폴리틱스를 읽어내지 못하면 효과적인 세일즈는 불가능하다.

---

**NOTE**

가족 의사결정은 가족 구성원 사이의 폴리틱스에 달려 있다.

우리는 로빈슨 크루소가 아니기 때문에 타인과 어울려 살아간다. 사실 크루소도 프라이데이라는 사람과 살았다. 이 장에서는 주위 사람의 영향을 받으며 다양한 소비를 하는 인간의 면을 생각해본다.

# Part 4.

# 인간다운
# 인간

# 33 오픈카는 애인이고 세단은 부인이다

**구매 동기
조사**

정신분석학자 지그문트 프로이트를 아는가? 그는 무의식을 발견한 사람이다. 무의식을 발견했다고? 잘 생각하면 이상한 일이다. 의식할 수 없는 것이 무의식이므로 무의식은 의식되거나 발견될 수 없어야 하기 때문이다. 하지만 우리는 때때로 "무의식중에 실수했어." 하고 말한다. 제어할 수 없는 무언가가 행동을 유발한다는 생각은 프로이트까지 거슬러 올라간다.

프로이트의 이론이 마케팅에 쓰인 적이 있다는 사실을 아는가? 대표적인 사례가 바로 지금 소개할 '구매 동기 조사'다.

구매 동기 조사란 1950년대 미국에서 자주 행해진 시장 조사 방식이다. 구체적으로는 심층 인터뷰라는 방법을 사용한다. 때에 따라 몇 시간씩 소비자의 이야기를 듣고 잠재적인 구매 동기를 밝히는 방법이다.

'구매 동기 조사의 아버지'라고 불린 이가 어니스트 디히터(Ernest Dichter)이다. 프로이트의 영향을 받은 디히터는 그 지식을 마케팅에 활용했다. 230개가 넘는 다양한 제품의 심층 인터뷰를 진행하고 이를 통해 얻은 내용을 마케팅 전략에 녹인 것이다.

그는 프로이트 이론을 마케팅에 활용하면서 제품이 성적 상징이라는 점을 강조했다. 중년 남성이 스포츠카를 소유하는 이유는 성적 대리 만족을 위해서라는 식의 해석이다. 대체 무슨 말일까?

1979년에 미국에서 출간된 〈모티베이션(Getting Motivated)〉이라는 책에서 디히터는 크라이슬러 쇼룸에서 진행한 실험을 소개한다. 그는 두 개의 쇼룸에 오픈카와 세단을 각각 전시하고 고객이 무엇을 보러 오는지 비교했는데 오픈카를 보러 온 사람이 세단보다 6~7배 많았다. 그러나 크라이슬러 매출에서 오픈카가 차지하는 비율은 고작 2%에 불과했다. 매력적인 오픈카가 팔리지 않은 이유는 무엇일까?

디히터는 오픈카를 사는 고객이 젊은 미혼 남성이라는 사실에 주목했다. 또 45~50세 남성도 오픈카를 산다는 점을 발견했다. 이 사실을 디히터는 다음과 같이 해석한다.

오픈카는 젊음의 상징이다. 남자라는 동물은 애인을 두고

자 하는 비밀스러운 욕망이 있다. 오픈카를 사는 행위는 애인과 사랑을 나누는 죄책감 없이 바람을 피우려는 욕망을 실현하는 것이다. 하지만 대다수는 안정적이고 무난한 '아내', 즉 세단을 산다. 오픈카를 사는 행위는, 다시 말해 '애인'을 둔다는 것은 상상 속 이야기일 뿐이다....

〈모티베이션〉에서 필자 요약)

디히터의 해석에 따르면 미혼 남성은 오픈카를 사도 바람이 아니므로 문제가 되지 않는다. 그러나 중년 남성이 굳이 오픈카를 사는 것은 바람을 피우고 싶다는 욕망을 간접적으로 채운다는 뜻으로 해석된다.

그는 해석뿐만 아니라 실험을 통해 얻은 지식을 구체적으로 마케팅 전략에 녹였다. 그가 고안한 대표적인 방법이 오픈카를 미끼로 쓰는 것이다. 가령 쇼룸의 잘 보이는 곳에 오픈카를 전시해서 고객을 모은 다음 실제로는 안에 전시된 세단을 파는 식이다.

당신은 디히터의 해석을 어떻게 생각하는가? 대단하다고 여길 수도, 이상하다고 여길 수도 있다. 실제로 구매 동기 조사는 다음 두 가지 비판에 직면한다.

첫 번째, 대단하다고 생각하는 사람의 입장이다. 그렇게 인간의 욕망을 잘 해석할 수 있다면 세상을 컨트롤하는 날이 올지도 모른다는 공포심이 사람들 사이에 싹트기 시작했다. 다시 말해 인간의 무의식에 접근해 그것을 마케팅에 활용해서 대기업이 자신들 마음대로 소비자를 조종

하진 않을까 하는 비판이다.

두 번째, 이상하다고 생각하는 사람의 입장이다. 디히터의 해석에는 과학적인 객관성이 없다. 심층 인터뷰에서 얻어진 내용을 주관적으로 해석했을 뿐 객관적인 증거가 될 만한 데이터가 없다. 이런 비판 때문에 구매 동기 조사는 이후 쇠퇴한다.

하지만 21세기 현재에 와서는 앙케트 등 수치로 얻어지는 정량 데이터뿐만 아니라 인터뷰나 현장 조사, SNS 게시물 등 말이나 이미지로 된 정성 데이터를 수집하는 시장 조사가 활발하게 이뤄지고 있다.

인간의 욕망을 제대로 이해하려면 당사자의 행동이나 사고방식에 접근해 당사자조차 깨닫지 못하는 욕망을 밝혀낼 필요가 있다. 이런 이유로 요즘 욕망의 거울이 된 정성 데이터가 주목받고 있다. 또 페이스북이나 인스타그램의 게시물이 매일 대량으로 쏟아져 나오는 상황도 정성 데이터를 마케팅에 활용하자는 목소리에 힘을 보태고 있다.

정성 데이터를 활용할 때는 데이터의 '해석'이 중요하다. 해석 작업은 지극히 인간다운 일이기 때문에 인공지능이 대신할 수 없다. 해석은 누가 하든지 똑같은 결과가 나오는 객관적인 과정이 아니라 해석자의 창의적인 주관이 개입되는 작업이다. 이런 의미에서 디히터는 데이터의 해석자로서 천재적인 인물이었다.

손안의 막대한 정성 데이터를 어떻게 활용하면 좋을지 모르겠다는 말을 마케터에게서 종종 듣는다. 이런 고민이 있는 사람이라면 분명 디히터로부터 큰 영감을 얻을 수 있으리라.

해석이란 데이터에 창의적인 생각을 부여하는 일이다.

# 34 관광객은 그림엽서와 똑같은 사진을 찍고 싶어 한다

## 관광객의 시선과 스테레오 타입

여행하면서 새로운 무언가를 발견하면 자신도 모르게 셔터를 누르고 싶어진다. 팬데믹 이전에는 일본을 방문한 외국인 관광객을 많이 볼 수 있었다. 그들이 어떤 장면을 카메라에 담는지 관찰하는 일은 무척 흥미롭다. 예전에 나는 10대가 넘는 자판기가 쭉 늘어선 풍경을 열심히 찍는 관광객을 본 적이 있다. 그들에게는 그런 풍경이 신선했을 것이다. 관광이란 미지의 발견이다.

그러나 이와는 반대되는 생각도 있다. 관광이란 이미 알고 있는 사실을 확인하는 과정이라고 말이다. 이를 '관광객의 시선(Tourist Gaze)'이라고 한다.

이미 30년도 더 된 이야기지만 나는 삿포로에서 고교 시절을 보냈다. 삿포로에는 메이지 시대(1868-1912)에 지어진 하얀 목조 건축으로 유명한 시계탑이 있다. 홋카이도 관광의 필수코스 중 하나다. 고등학생이었던 나는 시계탑 앞을 지날 때마다 다른 지역에서 온 듯한 관광객들이 시계탑 사진을 찍고 있는 모습을 자주 봤다. 하지만 그들로서는 당황스럽게도 시계탑은 고층 빌딩에 가려져 있다. TV 방송이나 안내 책자에서 본 풍경과 달리 시계탑은 빌딩의 어두운 그늘 속에 홀로 서 있다. 그런 탓에 관광객들은 빌딩이 보이지 않게 열심히 앵글을 맞춰 사진을 찍었다.

관광객은 보이는 것이 아니라 찍고 싶은 것을 찍는다고 어렴풋이 생각했던 순간을 생생히 기억한다. 이 생각이 존 어리(John Urry)라는 영국 사회학자가 말한 '관광객의 시선'이라는 사실을 깨달은 것은 시간이 꽤 지나고서였다. 참고로 나중에 시계탑 앞에는 기대한 이미지대로 사진을 찍을 수 있는 촬영 안내 발판이 설치되었다고 한다.

관광객은 방문하는 장소에 어느 정도의 사전 지식이 있다. 애초에 파리를 모르면 파리에 가고 싶다는 생각조차 못한다. 사전 지식을 가진 사람은 파리에 관해 좋은 이미지를 품고 있다. 가령 파리 하면 꽃의 도시, 멋진 카페, 센 강변에서 키스하는 연인이나 에펠탑, 개선문, 루브르 박물관 같은 명소를 떠올린다.

그렇다면 실제로 파리에 간 사람들은 무엇을 할까? 그들은 자신이 모르는 사실을 찾아다니지 않는다. 파리는 역시 꽃의 도시라며 좋아하고 카페와 센강의 분위기에 취한다. 자기 안에 있는 '시선'을 현지에서 확인하는 것이다.

너무 시니컬한가? 하지만 자신이 찍은 관광 명소 사진이 마치 엽서 속 그림과 똑같다는 점을 나중에 깨달은 적은 없는가? 물론 여행에서 새로운 발견이 전혀 없다는 말은 아니다. 그렇지만 그러한 발견 자체도 사실은 다양한 미디어를 통해 얻은 사전 정보의 재발견에 지나지 않을 수도 있다. 왜냐하면 사전 정보가 주는 시선 안에 존재하지 않는 것은 발견할 수 없기 때문이다.

관광지는 관광객의 소비를 유도하기 위해 노력한다. 그런 노력의 하나가 관광객의 시선에 부합하는, 즉 진부한 이미지를 보여주는 것이다.

아사쿠사를 생각해 보자. 센소지 앞에 늘어선 가게들은 전통 등이나 부채, 얇은 기모노를 판다. 일본인이 보기에는 게이샤, 후지산 수준의 뻔하디뻔한 풍경이 펼쳐져 있다. 다만 이러한 모습은 관광객이 가진 시선에 부합하고 바로 이 점 때문에 물건이 팔린다.

이런 이미지를 '스테레오 타입'이라고 한다. 스테레오 타입은 맞을 때도 있고 아닐 때도 있지만 많은 사람이 가지고 있는 이미지이다. 관광지는 스테레오 타입에 맞는 이미지를 보여주고 관광객은 자기 안의 시선을 확인하며 만족을 얻는다.

관광객의 시선은 상업적인 목적으로 만들어지는 경우가 많다. 하와이라는 말을 들으면 대부분은 하와이 음악이 흐르는 곳에서 유유히 훌라춤을 추는 여성의 이미지를 떠올린다. 이런 '남국의 파라다이스'라는 하

와이 이미지를 관광업계가 영화업계, 음악업계와 손잡고 만들어냈다는 사실은 이미 잘 알려져 있다. 일본의 경우 주류 기업인 산토리가 1960년대에 펼친 캠페인 '토리스 마시고 Hawaii 가자!'나 영화 〈하와이의 젊은 대장(ハワイの若大将)〉 등이 지금 일본인이 가진 하와이 이미지를 구축하는 데 큰 역할을 했다.

지금도 일본인은 하와이에 가면 레이라고 불리는 꽃목걸이를 걸고 꽃장식을 머리에 달거나 알로하 티셔츠를 입는다. 이렇게 즐겁고 신나는 관광지에서의 행동은 매체를 통해 사전에 학습된 관광객의 시선을 현지에서 확인하는 작업이라고 할 수 있다.

이런 과정은 국적에 상관없이 다른 문화를 접할 때 반드시 일어난다. 그러니 당신도 지금까지 다닌 여행을 돌아보고 여행지를 어떤 시선으로 보았는지 한번 생각해보길 바란다. 자신이 가진 시선을 한 단계 다른 높이에서 다른 시선으로 바라보면 앞으로 가게 될 여행과 여행지가 달리 보일지도 모른다.

---

**NOTE**

관광이란 발견이 아닌 확인이다.

---

# 35 | 스타벅스에서 맥북을 쓰면 도야링일까?

**거울
자아**

일본에는 도야링(ドヤリング)이라는 신조어가 있다. 스타벅스에 앉아 맥북을 쓰면서 자랑스러운 듯 과시하는 태도를 가리킨다고 한다. 중요한 포인트는 '언제 도야링이라고 부를 수 있는가'다.

나도 맥북을 사용하기 때문에 가끔 스타벅스에 가서 쓸 때가 있다. 일 때문이지 딱히 과시하려는 마음은 없다. 이 경우는 도야링에 해당할까?

이를 위해서 당사자가 도야링을 의도한 경우와 아닌 경우, 타인이 도야링이라고 인식한 경우와 아닌 경우를 함께 생각해 보자.

| | 당사자가 도야링을 의도한 경우 | 당사자가 도야링을 의도하지 않은 경우 |
|---|---|---|
| 타인이 도야링이라고 인식한 경우 | **A** 당사자가 의도하고 타인도 도야링이라고 생각한다 | **B** 당사자는 의도하지 않았지만 타인은 도야링이라고 생각한다 |
| 타인이 도야링이라고 인식하지 않은 경우 | **C** 당사자는 의도했지만 타인은 도야링이라고 생각하지 않는다 | **D** 당사자도 타인도 도야링이라고 생각하지 않는다 |

첫 번째, 당사자가 의도하고 타인도 도야링이라고 생각하는 경우(A)다. 본인의 의도와 주위의 인식이 일치한다. 이는 쉽게 이해할 수 있다.

두 번째, 당사자는 의도하지 않았지만 타인은 도야링이라고 생각하는 경우(B)다. 당사자는 그럴 생각이 없음에도 주위 사람이 그렇게 보는 것이다. 앞서 나 역시 그럴 의도가 없다고 했는데 내가 스타벅스에서 맥북을 쓰는 모습을 본 누군가는 '아, 저 사람 도야링이네.' 하고 생각할지도 모른다.

세 번째, 당사자는 의도했지만 타인은 도야링이라고 생각하지 않는 경우(C)다. 당사자는 맥북을 쓰고 있는 자신을 과시하고 싶은데 주변이 알아주지 않는 것이다.

네 번째, 당사자도 타인도 도야링이라고 생각하지 않는 경우(D)다. A처럼 당사자의 의도와 주위의 인식이 일치한다. 요즘에는 맥북 사용자가 아주 많아서 특별히 과시할 만한 물건으로 여기지 않을 수도 있다. 그래서 일일이 신경을 쓰지 않는지도 모른다.

이렇게 복합적으로 생각하면 4가지 패턴으로 정리되지만 그리 간단하지 않다. 추가로 2가지를 더 확인해야 한다.

첫 번째는 당사자가 도야링으로 무엇을 어필하려 하는가다. 아마도 멋진 스타일을 어필하고 싶을 수도 있고, 도야링이 일종의 놀림이라는 것을 알고 일부러 웃길 요량에 뻔한 행동을 하는지도 모른다.

두 번째는 타인이 어떻게 인식하는가다. '저 사람 멋있네.' 하고 생각할 수도 있지만 '요즘 세상에 왜 저래? 저게 먹힐 거라고 생각하는 게 불쌍하다.' 하고 부정적으로 받아들일지도 모른다.

따라서 A 패턴은 4가지로 세분화할 수 있다. 멋진 스타일을 어필하고 그 모습을 멋있다고 보는 경우, 멋진 스타일을 어필했지만 불쌍하다고 보는 경우, 웃길 요량인데 멋있다고 보는 경우, 웃길 요량을 불쌍하다고 보는 경우의 4가지 패턴이다. B, C 패턴도 마찬가지로 복잡해진다. 당사자의 어필과 타인의 인식으로만 나누었던 것을 이렇듯 세분화하면 훨씬 복잡해짐을 알 수 있다.

계속 복잡하다는 말만 하고 있는데 또 하나 고려해야 할 점이 있다. 바로 우리는 자신의 행동이 타인에게 어떻게 비칠지를 생각하며 행동할 때가 있다는 점이다. '스타벅스에서 맥북을 쓰면 사람들이 어떻게 볼까? 허세에 찌든 불쌍한 사람이라고 생각하면 어쩌지?' 하고 고민한다. 물론 전혀 개의치 않는 사람도 있다. 그러나 꼭 도야링이 아니더라도 대부분은 자신이 타인에게 어떻게 보이는지를 생각하며 행동한다.

이것을 찰스 쿨리(Charles Cooley)라는 학자가 '거울 자아(Looking Glass Self)'
라고 명명했다. 타인에게 어떻게 보이는가를 통해 자신이 누구인지를 확
인하는 작업은 그야말로 거울에 비친 자신을 확인하는 모습과 똑같다.

고작 신조어 하나지만 하나씩 생각해 가다 보면 거울 자아라는 말에
다다른다. 그리고 이 용어를 알면 도야링의 이면에 자리한 복잡한 심리
를 상상해볼 수 있다.

여기까지 읽은 독자는 '도야링은 알겠는데 애초에 거울 자아가 마케
팅이랑 무슨 상관이지?' 하고 생각할 수도 있다. 하지만 남 앞에서 쓰는
물건, 예를 들어 패션이나 자동차 등과 큰 관련이 있다. 우리는 저마다
입을 옷을 정할 때 의식적, 무의식적으로 타인에게 어떻게 비칠지를 생
각한다. 매장 직원은 고객에게 옷을 추천할 때 이 옷을 입으면 다른 사람
에게 어떻게 보일지, 어떤 매력을 줄지를 이야기한다. 이는 사실 거울 자
아라는 개념을 바탕으로 한다.

---

**NOTE**

거울에 비친 모습을 보고
자신이 누구인지를 확인하는 것은 인간의 본성이다.

---

# 36 | 인스타그램에 열심히 공을 들이는 이유

**인상 관리와 역할 기대**

나는 매번 학생들에게서 수업 내용과 관련된 코멘트를 받는다. 재밌는 내용이 많은데 그중 이런 코멘트를 적은 학생이 있었다. "대학 캠퍼스를 걷는데 머리가 젖은 채로 걸어가는 학생이 있었다. 평소라면 윗헤어라고 생각했을 텐데, 대학 캠퍼스에서 보니 목욕하고 말릴 시간이 없어서 그대로 온 것처럼 보였다." 예리한 관찰력을 가진 이 학생은 나중에 내 제자가 되었다.

내가 소속된 대학교는 도쿄 외곽의 구니타치라는 곳에 있다. 학생들은 솔직하고 매력적인데 한편으로 '우리는 도쿄 시골에 있는 대학교에 다닌다. 게이오대학교나 조치대학교처럼 세련된 대학 생활과는 거리가 멀다.'라는 일종의 콤플렉스를 가지고 있는 듯하다. 그런 '시골' 캠퍼스에서는 웻헤어도 웻헤어로 보이지 않는다는 것이다.

패션은 이렇듯 어려운 법이다. 자신이 멋지다고 생각해도 보는 사람이 어떻게 해석할지 알 수 없기 때문이다. 남에게 어떻게 보일지를 생각해서 자신의 언행이나 코디를 정하는 것을 거울 자아라고 한다고 앞서 설명했다. 거울 자아는 '인상 관리(Impression Management)'의 한 사례다. 인상 관리에 대해 알아보자.

몇 년 전 인스타그램 감성 어필이라는 말이 유행어 대상에 뽑혔다. 이를 반영하듯 실제로 인스타그램 감성 메뉴를 판매하는 레스토랑이 늘어났다. 음식이나 라테 아트 사진 등을 찍고 업로드하는 사람도 많다. 이런 류의 사람은 카푸치노나 마키아토를 마시고 싶어서가 아니라 인스타그램에 감성 사진을 올리고 싶어서 카페에 가는지도 모른다. 이것이 바로 인상 관리다. 이런 류의 사람은 아마 규동도 먹겠지만 어찌 된 일인지 규동 사진은 올리지 않는다.

우리는 인상 관리를 인스타그램에서만 하진 않는다. 어떤 때는 예의를 차리고 또 어떤 때는 꾸밈없이 자유롭게 행동하는 등 남에게 어떻게 보이고 싶은지를 의식하며 행동한다. 이렇게 말하면 대다수는 아니라고 손사래를 치겠지만 딱 잘라 거짓말하지 말라고 한 이가 다름 아닌 캐나다 출신의 사회학자 어빙 고프먼(Erving Goffman)이다.

고프먼은 인간을 무대 위에서 연기하는 배우라고 생각했다. 나는 대학에서 교수라는 역할을 연기하는 한편 연구에서는 공동 연구자라는 역할을, 학창 시절의 오랜 인연을 다시 만날 때는 동창, 선배, 후배라는 역할을 연기한다. 교수라는 역할도 스무 살 언저리의 대학생을 가르칠 때와 직장인 대학원생을 가르칠 때는 다른 역할을 연기해야 한다. 우리는 여러 상황에서 다양한 역할을 연기한다.

이렇게 다양한 상황에서 우리에게는 요구되는 역할이 있다. 이것을 '역할 기대'라고 한다. 참고로 역할 기대 중에는 성 역할도 있다. 이는 여성스러움, 남성스러움에 대한 사회의 기대를 가리킨다.

그렇다고 해서 24시간 연기를 하는 것은 아니다. 연기란 관객을 전제로 하므로 우리는 관객이 있는 '무대 앞'에서만 연기한다. '무대 뒤'에서는 주어진 역할에서 해방된다. 이 무대 앞과 무대 뒤의 차이 역시 고프먼의 주장이다.

학생들이 동의할지는 모르겠으나 나는 학생들 앞에서 좋은 선생님이 되기 위해 행동한다. 실패를 두려워 말고 적극적으로 도전하라거나 모르는 것은 부끄러운 일이 아니라는 식의 긍정적인 말을 적절하게 한다. 하지만 밤에는 술을 마시며 제대로 준비도 안 하고 졸업논문 발표를 한 학생의 험담을 한다. (이 말은 농담이다. 나는 다정하고 좋은 선생님이다.)

당신도 비슷하지 않은가? 회사에서는 좋은 동료, 부하, 상사를 연기하지만 집에 가면 그저 칠칠하지 못한 애가 될 때가 있다.

이렇게 생각하면 마트나 식당 같은 서비스업에서는 고객과 점원이 서로 역할을 연기하고 있음을 알 수 있다. 레스토랑에서 와인을 주문할 때 와인을 잘 아는 척하는 사람이 있다. 그런 손님이 샤르도네 레드 와인 어쩌고 하면서 헛소리를 늘어놓아도 소믈리에는 '샤르도네는 화이트 와인이에요.' 하고 딱 잘라 부정하지 않는다. 고객의 실수를 가능한 한 드러나지 않게, 가령 '어떤 레드 와인을 좋아하세요?' 하고 매끄럽게 이야기의 흐름을 바꾼다. 이런 식으로 능숙하게 보조하면서 연기하는 사람의 실수를 덮어주는 행동을 '보호 기법(Protective Practice)'이라고 한다. 고프먼은 연극의 비유를 효과적으로 활용해 우리의 일상적인 행동을 철저히 분석했다.

이야기를 마무리하면 윗헤어가 윗헤어로 보이기 위해서는 그런 해석을 할 수 있는 관객이 있는지가 중요하다. 그런 관객이 없는 우리 대학교는 무대 앞에서의 연기가 무대 뒤에서의 연기로 해석되는 곳이라고 할 수 있다.

---

**NOTE**

우리의 행동은 누가 보고 있느냐에 따라 결정된다.

# 37

## 자기
## 외부에
## 있는
## 자아

**확장적
자아**

우리는 처음 누군가를 만날 때 좋은 사람인지 무서운 사람인지 등 상대가 어떤 사람일지를 상상한다. 대화한 적이 없으니 옷이나 머리, 화장 스타일 같은 겉모습으로 상상하는 수밖에 없다. 상상은 맞을 때도, 틀릴 때도 있다. 이는 반대로 말하면 모르는 사람 역시 우리를 볼 때 어떤 사람일지를 상상한다고 할 수 있다.

따라서 우리는 앞에서 설명한 인상 관리에 신경을 쓴다. 영업을 위해 처음 회사에 방문할 때는 신뢰감을 주는 깔끔한 슈트를 입고 청결한 차림을 한다. 타인에게 어떻게 보일지를 상상하며 자신을 표현하려 한다.

그렇다면 우리는 타인의 시선 하나 때문에 인상 관리를 할까? 대답은 노다. 여기서는 자기 자신을 위한 인상 관리에 대해 알아보자.

슈트를 입으면 긴장감이 돌고 업무 모드가 되는 경험을 한 적이 있을 것이다. 여성이라면 화장, 남성이라면 면도를 함으로써 일을 하러 간다고 느끼거나 사회인이라는 자아를 인식한다.

이렇듯 외모나 소지품 또한 개인의 정체성을 만들어준다. 이와 같은 외모나 소지품을 '확장적 자아(Extended Self)'라고 한다. 우리는 의도와 상관없이 자기 소지품을 자신의 일부로 여긴다. 확장적 자아는 인상 관리의 수단일 뿐만 아니라 개인의 기억이나 소속된 사회가 공유한 기억을 떠올리게 하는 지표가 된다.

확장적 자아는 물건에만 한정하지 않는다. 개인, 가족, 지역, 집단의 4가지 범주로 나뉜다.

먼저 개인 범주는 앞서 설명한 대로 액세서리나 자동차, 옷 따위다. 옷이 그 사람을 말해준다는 말처럼 개인이 가진 소지품을 가리킨다.

다음으로 가족 범주는 자신이 사는 집이나 오래 사용해서 애착이 있는 가구, 가족사진 등을 말한다. 이런 물건은 '우리 집'이라는 가족의 정체성을 보여준다.

세 번째는 지역 범주다. 자신이 사는 곳이나 고향 등을 떠올려보면 이해할 수 있지 않을까. 고향에 돌아가면 반가운 마음이 든다. 이 마음은 지역사회에 소속감을 느끼기 때문에 생겨난다.

마지막으로 집단 범주는 스포츠 동호회나 팬클럽을 생각하면 어떨까. 우리는 특정 커뮤니티에 애착이 있다.

이 4가지에 비춰보면 저마다 다양한 확장적 자아가 있음을 알 수 있다. 우리는 이런 4가지 확장적 자아를 통해 정체성을 형성하고 확인하고 때로 바꾸려고 노력하기도 한다. 도시에 와서 일부러 고향에 가지 않고 지금 사는 곳에서 기반을 강화하는 것은 지역 범주의 확장적 자아를 바꾸려는 시도라고 해석할 수 있다.

확장적 자아는 1988년에 러셀 벨크(Russel Belk)라는 미국의 학자가 발표한 논문에 등장하는 개념이다. 인터넷이 보급된 21세기에 이러한 개념은 시대에 뒤떨어져 보일지도 모른다. 하지만 벨크는 2013년 같은 학술지에 〈디지털 사회의 확장적 자아〉라는 논문을 게재했다. 그는 우리 사회에 다음과 같은 5가지 변화가 일어나고 있다고 설명했다.

첫 번째, 인터넷이 보급되면서 우리의 확장적 자아 안에 사진, 음성, 영상과 같은 데이터의 비율이 늘었다. 이는 인터넷상의 정보에 불과하다. 확장적 자아의 탈물질화가 진행되고 있음을 알 수 있다.

두 번째, 그런 사진과 영상 등을 편집해서 자기표현의 방식을 더 섬세하게 컨트롤할 수 있게 되었다. 인스타그램에서 몇 번이고 다시 찍은 베스트 셀카를 올리는 사람이 있지 않은가. 디지털화로 인해 확장적 자아의 컨트롤이 쉬워졌다.

세 번째, 디지털 시대의 확장적 자아는 인터넷상에 널리 공유된다. 인터넷이 없던 시절에는 상상할 수 없는 일이었다. 그 결과 인터넷에서 잘 모르는 사람과의 가상 커뮤니티가 만들어지고, 현실 세계에는 존재하지 않는 집단을 통해 확장적 자아가 형성된다.

네 번째, 이런 자기표현에 다른 유저가 '좋아요'를 누르거나 태그를 하거나 댓글을 달면서 한 사람의 정체성이 만들어진다. 자신을 표현하고 그 모습이 어떻게 비치는지를 보면서 당사자와 다른 유저 사이에 형성된 정체성을 확인하고 있다고 할 수 있다.

다섯 번째, 이런 개인 정보는 널리 퍼질 뿐만 아니라 아주 오랫동안 어쩌면 영원히 돌고 돈다. 이제는 페이스북이나 트위터에 이미 고인이 된 사람의 계정이 남아 있는 광경은 드문 일이 아니며 고인의 계정은 묘석의 역할을 한다.

확장적 자아라는 개념을 통해 영업사원의 말끔한 슈트와 인스타그램의 셀카가 사실은 같은 맥락임을 알았다. 당신의 확장적 자아에는 무엇이 있는가?

---

**NOTE**

자신을 위한 인상 관리도 있다.

---

# 38

# 일에 자신이 없어
# 슈트에
# 돈을 쓰는
# 사회초년생

## 상징적
## 자기완성과
## 역할 전이

당신은 무언가를 겉만 보고 재밌겠다고 판단한 적이 있는가? 사실 이는 결코 잘못된 일이 아니다. 조깅을 시작하려고 할 때 일단 예쁜 조깅화나 조깅복을 마련하는 것도 하나의 즐거움이다. 결국 옷장으로 직행할 수도 있겠지만 예쁘니까 입고 달려 보고 싶다는 동기가 되어서 어느샌가 남 못지않게 잘 달릴 수도 있다. 구매는 행동을 변화시키는 일이다.

그러나 우리는 이렇게 긍정적인 이유만으로 물건을 사지는 않는다. 부족한 자기 자신을 물건으로 채우려 할 때도 있다. 일을 잘하는 선배가 수백만 원짜리 슈트를 입었다는 이야기를 듣고 자신도 그 가게에 가본다. 일에 자신이 없다는 콤플렉스를 겉모습으로 채우려는 것이다. 보완해야 할 단점을 소비로 채우는 행위를 '상징적 자기완성'이라고 한다.

보통은 일을 열심히 배워서 사회인으로 성장하는 것이 바람직한 모습이다. 하지만 인간은 인내심이 많지 않아서 손쉬운 방법을 택한다. 그중 하나가 소비를 통한 상징적 자기완성이다.

흥미롭게도 젊은 사회초년생은 경험을 쌓으면 소비로 단점을 보완하지 않는다. 사회인이 되어 일에 능숙해지면 자신감이 생겨서 물건으로 부족함을 채울 필요가 없기 때문이다.

이는 사회인의 역할을 충분히 연기할 수 있게 되어서 나타나는 현상이라고 해석할 수 있다. 새로운 역할을 얻는 것을 '역할 전이'라고 한다. 인간은 나이를 먹으면서 역할이 달라진다. 학생에서 사회인으로, 미혼에서 기혼으로, 부모가 되기도 하고 이혼해서 다시 솔로가 되기도 하고 정년을 맞이하는 등 인생의 국면에서 다양한 역할을 연기하게 된다.

역할이 바뀌면 자신의 정체성에 불안을 느낀다. 어떻게 해야 할지 모르기 때문에 일단 눈에 보이는 부분부터 그 역할을 잘 연기하는 사람을 모방한다.

일 잘하는 선배의 패션을 따라한다고 해서 일을 잘할 수 있는 것은 아니다. 그렇지만 사회초년생은 일을 잘하는 선배가 가진 능력이 무엇인지를 알 도리가 없다. 그래서 겉모습처럼 명백하게 가시적이고 쉽게 알 수 있는 부분을 따라하게 된다.

또 정년을 맞이한 남성이 사회인의 역할을 잃고 힘들어하는 사례도 많다. 퇴직자라는 새로운 역할에서 무엇을 해야 할지 모르기 때문에 일단 닭을 튀기는 것이다.

인간은 본질이 아니라 쉽게 알 수 있는 부분을 따라하는 경향이 있다. '고흐의 오류(Van Gogh Fallacy)'라는 말을 들어본 적이 있는가? 고흐는 살아생전 인정받지 못하고 가난한 상태로 생을 마감했다. 그 사실을 안 가난하고 인정받지 못한 예술가는 이렇게 생각한다. '나도 고흐처럼 인정받지 못하고 가난해. 그러니까 나도 고흐와 같은 위대한 예술가가 되겠지.' 하고 말이다.

이상한 논리임을 금세 알아차리지 않았는가? 고흐가 위대한 이유는 가난하고 인정받지 못해서가 아니다. 재능이나 노력처럼 보이지는 않지만 멋진 그림을 만들어내는 힘이 있었기 때문이다. 이렇듯 잘 보이는 부분이 닮았으니 본질적인 부분도 닮았다고 착각하는 것을 고흐의 오류라고 한다.

한편 페이스북의 CEO 마크 저커버그처럼 매일 같은 옷을 입는 사람이 있다. 기업가로서 자신이 있으니 옷으로 승부를 보지 않겠다는, 소비에 따른 상징적 자기완성의 안티테제를 표출하고 있다고도 할 수 있다.

사실 저커버그는 인상 관리에 탁월한 능력이 있다고 생각한다. 실제로 페이스북의 개인 정보 유출 파문으로 미국 의회 청문회에 섰을 때 그는 반듯한 슈트 차림이었다. 연기하는 무대에 맞춰 적절한 패션을 선택한 것이다.

애플의 창업자 스티브 잡스나 마크 저커버그의 심플한 패션을 놉코

어라고 부른다고 한다. 놈코어 패션이 주목을 받으면 재밌게도 잡스나 저커버그를 따라하는 사람이 나타난다. 하지만 그런 행동은 패션에 무심한 척하면서 사실은 부족한 업무 자신감을 채우는 것에 지나지 않을 수도 있다. 결국은 상징적 자기완성에 빠져 있는 것이다.

살짝 짓궂은 해석일 수도 있고 너무 과한 생각일 수도 있다. 어쩌면 그냥 놈코어를 좋아할 뿐일지도 모른다. 그러나 소비가 불완전한 자아를 보완하는 힘을 가졌다는 사실은 마케터에게 좋은 비즈니스 기회가 된다. 혹은 역할이 바뀌어 불안을 느끼는 이에게 물건으로 자신감을 채워줄 수 있다면 그것은 고객에게 도움을 주는 일이다. 한 사람의 소비가 과연 무엇을 채워주고 있는지 생각해보는 건 어떨까?

**NOTE**

소비가 부족한 자신감을 보완하기도 한다.

# 39

# 여자는
# 팬케이크,
# 남자는
# 규동이라고
# 누가 정했을까?

## 성 역할과
## 젠더리스 상품

라멘녀, 도시락남 같은 말을 들어본 적이 있는가? 이런 말들이 조금 신경 쓰이는 이유는 '형용 모순'이기 때문이다. 형용 모순이란 모순된 말을 결합하는 표현법이다. 스포츠 선수의 수식어에 종종 등장하는 '작은 거인'이나 포레스트 검프, 영화 〈남자는 괴로워〉의 주인공 토라처럼 어리숙하지만 특별한 사람을 지칭하는 '거룩한 바보' 등이 대표적이다. 라멘은 남성스러운 음식이고 사랑하는 아내의 도시락이라는 말처럼 도시락은 여자가 만든다. 이렇듯 상식에 어울리지 않는 표현이기 때문에 신경이 쓰인다.

이런 상식은 '성 역할'에서 비롯된다. 성 역할이란 여성스러움, 남성스러움에 대한 세상의 기대를 가리킨다. 성 역할은 일상의 소비에 짙게 반영되어 있다. 우리는 여성, 남성처럼 자신이 속한 젠더가 어떤 행동을 해야 하고, 어떤 옷을 입어야 하고, 어떤 말을 해야 하는지 신경을 쓴다. 내가 규동을 먹는다고 하면 이상하게 생각하지 않겠지만 팬케이크를 아주 좋아한다고 하면 조금 묘하게 느낄지도 모른다. 대개 성 역할에는 그에 어울리는 소비가 있게 마련이다. 이런 제품을 젠더 상품이라고 한다.

성 역할은 마케팅에서 매우 중요하다. 규동은 남성스럽고 팬케이크는 여성스러운 음식이라는 '상식'을 이해하지 못하면 적절한 마케팅을 구사할 수 없기 때문이다.

내가 학생이었던 1990년대 규동 체인점 요시노야가 '요시노야 USA'라는 실험적인 매장을 냈다. 요시노야 USA는 일반 요시노야와 달리 맥도날드처럼 셀프로 카운터에서 주문하는 방식이었다. 규동을 비프볼이라는 이름으로 바꾸고 중간 사이즈를 레귤러, 큰 사이즈를 라지, 가장 큰 사이즈는 엑스트라 라지라고 불렀다. 그리고 던킨도너츠도 함께 팔았다. 남성스러움이 물씬 풍기는 규동을 미국식 이름으로 바꾸고 여성이 좋아하는 도넛을 같이 팔아서 여성 고객의 마음을 사로잡고 싶었던 듯하다.

그 무렵 학교 친구와 요시노야 USA에 갔는데 남자는 비프볼, 여자는 도넛을 먹고 있었던 기억이 떠오른다. 그만큼 여성에게 규동을 파는 일은 어려웠다. 게다가 나처럼 완고한 남자는 카운터에서 "비프볼 레귤러요."가 아니라 "규동 중자요!" 하고 전통적인 요시노야 방식으로 주문했다. 사업이 잘되지 않았는지 요시노야 USA는 슬그머니 모습을 감췄다. 규동이 가진 성 역할의 상식을 넘어서지 못했기 때문일 테다.

성 역할의 '상식'에 부합하는 마케팅은 일종의 고객 맞춤 전략이다. 하지만 성 역할에 기반한 마케팅을 구사할 때는 해외 시장과 자국 시장에서 각각 주의해야 할 점이 있다. 하나씩 살펴보자.

첫 번째는 같은 제품이라도 문화가 다르면 성 역할이 다르다는 사실이다. 아시아 국가에서는 일본의 규동이 남성스러운 음식이라는 이미지가 없다. 또 미국에서 만화는 남자아이가 읽는 책이라는 이미지가 강해서 여성은 보통 읽지 않는다. 국제 마케팅에서 이러한 문화 차이는 매우 중요하다.

두 번째로 성 역할은 시대에 따라 달라진다는 점이다. 옛날과 다르게 지금은 남성이 스킨케어를 하는 것에 위화감이 많이 없다. 이를 반영하듯 남성용 스킨케어 제품이 늘어나고 있다. 이렇게 남성, 여성처럼 특정 젠더와 연관이 있었으나 다른 젠더로 확대된 상품을 '젠더리스 상품'이라고 한다. 가령 '야마걸(등산을 즐기는 젊은 여성-옮긴이)'이라는 말은 남성스러움이 물씬 느껴지는 등산이라는 레저가 여성에게도 퍼진 사례라고 해석할 수 있다.

젠더리스 상품처럼 특정 젠더에서 다른 젠더로 판매를 확대하는 방식은 사실 기존 제품의 시장 개척이라는 고전적인 마케팅 기법이다. 이런 온고지신의 방법이 상식의 시각을 바꾸는 계기가 된다는 점을 우리는 좀 더 의식해야 한다.

이처럼 성 역할은 문화와 시대에 따라 달라진다. 그 점을 깨닫지 못하고 상식에만 매여 있으면 기존의 스테레오 타입을 조장해 반발을 일으킬 위험이 있다.

처음에 나는 '사랑하는 아내의 도시락이라는 말처럼 도시락은 여자가 만든다.'라고 했다. 이 문장을 읽고 애초에 왜 여자가 도시락을 만들어야 하는가 하고 생각한 사람이 많았을 것이다. 도시락 만들기라는 가사 하나만을 두고 봐도 현실에서는 젠더 역전이 일어나고 있다.

하지만 가사는 여자가 한다는 전통적인 성적 분업을 중시하는 광고 문구를 지금도 종종 마주한다. 현실의 변화를 제대로 읽어내지 못하면 해외는 물론이거니와 자국에서도 큰 논란을 빚는다. LGBT를 둘러싼 최근의 동향은 이런 변화가 한층 두드러지고 있음을 보여준다.

**NOTE**

미국에서는 아저씨도 팬케이크를 즐긴다.

이 또한 좋지 아니한가.

# 40 | 상상 속의 존재, 게이오대생

**준거
집단**

당신은 '나도 저렇게 되고 싶다'라거나 '절대 저런 놈은 되고 싶지 않다'라고 생각하는 사람이 있는가. 이런 사람들을 '준거집단'이라고 한다.

앞에서 학생들이 '우리는 도쿄 변두리에 있는 대학교에 다닌다. 게이오나 조치처럼 세련된 대학 생활과는 거리가 멀다'라고 생각한다는 이야기를 했다. 그런 학생들에게 "게이오대에 친구가 얼마나 있니?" 하고 물으면 보통 없다거나 고등학교 친구가 다니긴 하는데 대학 들어가고는 본 적이 없다는 대답이 돌아온다. 그러면 "게이오대생을 본 적이 없다고? 상상 속의 존재는 아니지?" 하고 놀리고 싶어진다. 마치 용처럼 상상 속의 존재와도 같은 게이오대생 역시 하나의 준거집단이다.

준거집단이란 한 사람의 평판, 꿈, 행동에 막대한 영향을 주는, 실재하거나 상상 속에 존재하는 개인 또는 집단을 가리킨다. 따라서 아는 사람도 좋고 만난 적이 없는 사람도 좋다. 쉬운 예로 축구 소년이 비록 메시나 호날두를 만난 적은 없지만 그들의 일거수일투족에 영향을 받는 모습을 떠올려보자.

줄리엣 쇼어(Juliet Schor)라는 학자는 〈낭비하는 미국인: 왜 필요 없는 것까지 사고 싶을까(The Overspent American: Why We Want What We Don't Need)〉라는 책을 썼다. 왜 미국인은 낭비할까? 그녀는 미국 여성의 사회 진출에 주목했다. 과거 미국에서도 일하지 않거나 결혼하면 전업주부가 되는 여성이 많은 시대가 있었다. 그러나 시대가 변하면서 결혼 후에도 계속 일을 하거나 다시 일을 시작하는 여성이 늘어났다. 쇼어는 이런 변화가 여성의 준거집단을 바꾼다고 생각했다.

전업주부일 때는 일상에서 만나는 사람 역시 자신과 똑같은 전업주부다. 하지만 일을 시작하면 직장 상사나 동료, 때로는 저명인 등 지금껏 만난 적 없는 사람과의 접점이 늘어난다.

그러면 어떤 일이 일어날까? 멋지고 일도 잘하는 상사나 동료를 만나면 자신 역시 멋진 사람이 되고자 한다. 멋진 사람이 되기 위해서는 돈이 든다. 돈을 더 쓰려면 더 많이 일해야 한다. 그러면 노동 시간이 늘어나고 여성의 사회 진출도 한층 확대된다. 쇼어는 낭비가 새롭게 사회적 접촉을 한 준거집단의 영향 때문이라고 해석했다.

그녀는 이것을 악순환이라고 보았다. 그러나 마케터의 입장에서 타깃에게 영향력이 있는 준거집단을 설정해주면 소비를 유도할 수 있다. 왜 많은 스포츠 용품 브랜드가 당대 가장 유명한 선수를 광고에 기용하는지 이해가 가지 않는가? 대다수 사람은 동경하는 대상이 사용하는 스포츠 용품을 쓰고 싶어 한다.

준거집단은 긍정적 준거집단, 부정적 준거집단, 소속집단의 3가지로 나눌 수 있다. 각각을 살펴보자.

'긍정적 준거집단'이란 메시와 같은 동경의 존재를 말한다. 다만 주의할 점은 타깃이 보기에 너무 먼 존재여서도 안 된다는 것이다.

몇 년 전에 일본인으로는 처음으로 여배우 토다 에리카가 랑콤의 뮤즈가 되었다는 뉴스를 본 적이 있다. 뮤즈란 브랜드 광고에 등장하는 셀럽을 가리킨다. 과거 랑콤 관계자에게 들은 바에 따르면 랑콤은 일본 광고에 금발의 모델이나 서양 여배우를 쓰지 않는다고 한다. 금발의 미녀는 너무 먼 존재라서 많은 고객이 동경하는 마음을 갖기도 전에 다른 세계 사람이라고 인식해 버리기 때문이다. 광고에서 준거집단을 설정할 때는 고객이 봤을 때 너무 멀지 않은 적당한 거리감을 가진 인물이 좋을 때가 있다.

한편 '저런 놈은 되고 싶지 않아'가 '부정적 준거집단'이다. 혐오하는 존재다. 여름이 다가오면 체취를 없애주는 스프레이 광고가 늘어난다. 지독한 냄새 탓에 엘리베이터 안에서 여성의 따가운 눈총을 받는 슈트 차림의 남성을 광고에서 본 적이 있을 것이다. 이 광고를 본 타깃은 저런 남자는 되고 싶지 않다고 생각한다. 전형적인 공포 마케팅이다.

광고에서는 이 두 가지 준거집단의 어느 한쪽을 강조해서 보여주는데 또 하나 주목해야 할 준거집단이 있다. 다름 아닌 우리가 속한 조직, '소속집단'이다.

쿨비즈가 정착되면서 더운 여름에 넥타이를 하는 사람이 눈에 띄게 줄었다. 쿨비즈룩의 허용 범위는 회사에 따라 제각각이다. 색 있는 셔츠나 버튼다운 셔츠를 허용하지 않는 회사도 있는 반면, 칼라 없는 셔츠도 가능하고 완전히 사원의 재량에 맡기는 회사도 있다. 우리는 회사가 정한 쿨비즈룩의 기준에 따라야 한다. 이것이 바로 소속집단의 영향력이다. 오피스룩을 취급하는 업계라면 쿨비즈룩의 기준이 무엇인지를 주의깊게 살펴볼 필요가 있다.

이상의 3가지 준거집단은 저마다 사람을 움직이는 힘이 있다. 당신에게는 각각의 준거집단에 해당하는 인물이 있는가? 잘 떠올려보면 생각보다 많은 영향을 받고 있음을 깨달을 것이다.

**NOTE**

타인은 그냥 타인이 아니라 우리에게 영향을 주는 사람이다.

# 41

## 편리한 식기세척기가 보급되지 않는 이유

### 오피니언 리더와 이노베이션 확산의 5가지 조건

2007년에 처음 아이폰이 발매되고 폴더폰에서 스마트폰으로 옮겨가는 사람이 늘었다. 스마트폰이 보급된 것이다. 한편 식기세척기는 스마트폰만큼 널리 사용되진 않는다. 스마트폰은 보급이 확산되었는데 왜 식기세척기는 확산되지 못했을까?

에버렛 로저스(Everett Rogers)라는 커뮤니케이션 연구자는 50년도 더 전에 확산에 관한 유명한 모델을 제시했다.

포인트는 이노베이션이 탄생하면 그것을 채택하는, 다시 말해 사고 쓰는 타이밍이 사람마다 다르다는 점에 있다. 가장 먼저 채택하는 사람이 있는가 하면 시간이 지나도 채택하지 않는 사람도 있다.

로저스는 채택의 타이밍을 기준으로 인간을 이노베이터, 얼리 어댑터, 얼리 머저리티, 레이트 머저리티, 레거드의 5가지 유형으로 분류했다. 레거드로 갈수록 채택 타이밍이 늦어진다. 스마트폰을 예로 레거드부터 살펴보자.

레거드는 휴대전화조차 사용하지 않거나 폴더폰을 닳도록 사용하는 사람이다. 레이트 머저리티는 스마트폰이 상당히 보급되고 나서 사는 사람, 얼리 머저리티는 어느 정도 보급된 시점에 구매를 고려하는 사람, 얼리 어댑터는 일찍 사긴 하지만 이노베이터만큼 빨리 사진 않는 사람이다. 마지막으로 이노베이터는 신형 아이폰 발매일에 줄을 서가며 사는 사람을 떠올리면 좋겠다.

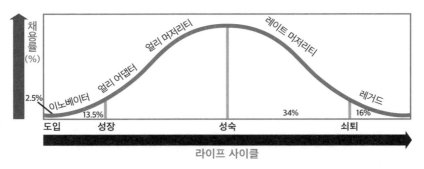

마이클 솔로몬의 <소비자 행동론> 참조

재화나 서비스를 널리 퍼트리기 위해서는 얼리 어댑터의 마음을 사로잡아야 한다. 그들은 자신보다 늦게 사는 부류에게 영향력을 발휘한다.

　얼리 어댑터는 이노베이터만큼은 아니지만 새로운 것을 적극적으로 채택하는 사람들이다. 그뿐만 아니라 자신보다 늦게 사는 이들에게 알기 쉽게 신규 제품의 매력을 알려주는 커뮤니케이션 능력이 뛰어나다. 이 부류에서 확산이 이뤄지면 나머지도 수월해진다. 그래서 얼리 어댑터는 '오피니언 리더'라고도 불린다.

　당신의 친구 중에 맛집 컬렉터나 패션 피플로 통하는 사람이 있을 것이다. 그런 사람은 맛집이나 패션의 오피니언 리더라고 할 수 있다.

　뒤집어 말하면 이노베이터는 나머지 부류에 영향력이 없다는 뜻이다. 그들은 소위 덕후로, 새로운 무언가를 쓰더라도 일반 사람은 '호기심이 많아서 이상한 걸 쓴다.' 정도로밖에 보지 않아서 써보고 싶다고 생각하지 않는다.

　그러나 새로운 것을 확산시키려는 이들에게 이노베이터는 중요한 사람이다. 베타 테스트에 대해 들어본 적이 있는가? 개발 중인 소프트웨어나 인터넷 서비스를 출시하기 전에 유저에게 시험 버전을 공개해 사용하게 한 다음 편의성 등을 평가하는 테스트이다. 이노베이터는 베타 테스트에서 적극적으로 불만을 이야기하고 다양한 아이디어도 제시하기 때문에 서비스 개선에 큰 도움이 된다.

| 신상품이 확산될까, 안 될까? | 있다 | 없다 |
|---|---|---|
| ① 적합성 | ☐ | ☐ |
| ② 시험 가능성 | ☐ | ☐ |
| ③ 복잡성 | ☐ | ☐ |
| ④ 관찰 가능성 | ☐ | ☐ |
| ⑤ 상대적 우위 | ☐ | ☐ |

로저스는 신상품의 확산을 좌우하는 조건으로 5가지를 들었다. 식기 세척기를 예로 살펴보자.

첫 번째로 '적합성'이란 타깃의 가치관에 부합하는가를 가리킨다. 누군가는 설거지를 기계에 맡기면 일을 대충하는 것 같다는 생각에 식기 세척기를 사용하지 않는지도 모른다. 비슷한 이야기는 과거에도 있었다. 사이먼 파트너(Simon Partner)가 쓴 〈일본의 제조업(Assembled in Japan)〉이라는 책에 따르면 전후 농촌에서는 세탁기 판매가 무척 어려웠다고 한다. 왜냐하면 빨래는 며느리가 손으로 한다는 사고방식이 뿌리 깊었기 때문이다. 당시에는 며느리가 세탁기를 사고 싶어도 시부모가 허락하지 않아서 구매가 요원했다.

두 번째로 '시험 가능성'이란 실제로 시험해볼 수 있는가를 말한다. 레드불은 종종 대학교 앞에서 학생들에게 음료를 무료로 나눠준다. 이렇게 해서 레드불이라는 에너지 드링크가 어떤 맛인지 실제로 확인할 수 있다. 다만 식기세척기는 시험할 기회가 별로 없다. 편리함을 확인할 수 없어서 확산이 힘든지도 모른다.

세 번째로 '복잡성'이란 새로운 상품이 어떤 용도인지 이해할 수 있는가를 말한다. 그런 의미에서 식기세척기는 복잡성이 낮다. 그릇을 자동으로 씻고 건조해주는 기계임을 모르는 사람은 없을 테니 말이다. 다만 사용법이 어렵다고 느끼는 사람이 있을지도 모른다.

네 번째로 '관찰 가능성'이란 새로운 상품의 이점을 누리는 타인을 볼 기회가 있는가를 뜻한다. 스마트폰이 편리한지 아닌지를 다른 사람에게 설명해달라고 하기는 쉽다. 항상 손에 있기 때문이다. 하지만 식기세척기는 부엌에 있는 탓에 남의 집에 놀러 갈 기회가 없으면 관찰하기 어렵다.

다섯 번째로 '상대적 우위'란 새로운 상품을 채택하기 전과 비교해 채택 후에 얼마만큼의 이점이 있는가를 말한다. 나도 그렇고 한번 식기세척기를 사용한 사람은 항상 사용한다. 식기세척기는 압도적인 상대적 우위가 있다.

이런 점에도 불구하고 적합성, 시험 가능성, 관찰 가능성의 문제로 식기세척기는 스마트폰만큼 널리 보급되지 않았다. 그러나 적절한 오피니언 리더를 활용해 이 3가지 문제를 해결한다면 식기세척기의 보급률도 높아질 것이다.

세상에는 보급된 것과 그렇지 못한 것이 있다. 그 차이를 생각할 때 도움이 될 만한 도구를 다양하게 소개했으니 부디 이 도구를 '채택'해주길 바란다!

---

**NOTE**

보급되지 않는 이유와 보급되는 이유에는 5가지가 있다.

---

# 42

# 햄버거 패티는
# 과연 무엇으로
# 만들었을까?

### 상업 전설과
### 골리앗 효과

찝찝한 이야기이긴 하나 맥도날드 햄버거 패티가 지렁이로 만들어졌다
는 소문을 들어본 적이 있는가? 비용을 생각한다면 지렁이가 훨씬 비쌀
것이다. 이렇듯 근거가 없음에도 소문이 퍼질 때가 있다. 지금부터 소문
에 대해 생각해 보자.

인터넷의 보급으로 소문은 눈 깜짝할 사이에 퍼진다. SNS에서 한 사
람이 한 말이 100명에게 전달되고 백 명이 퍼트린 소문이 1만 명에게
전달된다.

소문이 퍼지는 방식은 20세기와 21세기 사이에 큰 차이가 있지만

근본 이치는 같다. 여기서는 과거에 쓰인 소문 연구에 관한 2권의 고전을 살펴본다.

첫 번째 고전은 고든 올포트(Gordon Allport, 1897-1967)와 레오 포스트먼(Leo Postman, 1918-2004)이라는 두 심리학자가 1947년에 출간한 〈소문의 심리학(The Psychology of Rumor)〉이다. 두 사람은 소문이 퍼지며 내용이 왜곡되는 과정을 평균화, 강조, 동화라는 3가지 개념으로 나누어 설명한다.

그전에 조금 뜬금없지만 평점이 좋은 한 와인바를 이야기해 보겠다. 이곳은 다양한 와인이 구비되어 있고 갖가지 내추럴 와인도 잔으로 즐길 수 있다. 요리에 사용된 채소, 생선, 고기의 맛이 세지 않고 메뉴 구성이 세련되고 다양하다. 올리브 오일도 좋은 것을 쓴다. 요리가 나오는 타이밍도 대화에 방해가 되지 않고 자연스럽다. 직원의 태도 또한 정중하고 소믈리에의 추천 역시 완벽하다. 카운터석 위주인 이 가게는 고객층이 좋고 취객도 없다. 적당히 어두운 간접조명은 마음을 편안하게 해준다. 가게에는 오너의 취향이 반영된 음악이 흐른다.

당신은 이 와인바에 가본 적이 있다고 하자. 이곳을 다른 사람에게 어떻게 설명하겠는가? 나는 대략 200자로 설명했는데 이 정보를 전부 전달하겠는가? 분명 그렇진 않을 것이다. 대개는 평균화, 강조, 동화 중 어느 한 과정을 거친다. 구체적으로 살펴보자.

첫 번째로 '평균화'란 생략을 가리킨다. 정보 전달 과정에서 내용이 점차 짧아지고 요약되고 심플해지는 경향을 말한다. 누군가 "그 와인바, 카운터석에 와인이랑 요리도 맛있잖아." 하고 말할지도 모른다. 내추럴 와인이나 가게 분위기, 직원의 정보 등이 빠져 있다.

두 번째로 '강조'란 평균화한 요소를 부각하는 것이다. 많은 문맥 속에서 한정된 수의 요소를 받아들여 기억하고 보고하는 경향을 가리킨다. 어떤 사람은 "그 와인바, 내추럴 와인을 이것저것 마셔볼 수 있어서 좋잖아." 하고 말할 수도 있다. 내추럴 와인만 강조되어 있다.

세 번째로 '동화'란 화자의 선입견이나 관심, 즉 스테레오 타입에 이야기의 세부 사항을 맞추는 경향을 일컫는다. 한 남자가 "그 와인바, 간접조명이라서 살짝 어둡고 썸녀랑 2차로 가기 좋은 곳이야." 하고 말했다고 가정하자. 이 말을 한 사람은 와인바를 여성과 더 가까워지는 장소로 여기고 있다. 자신이 믿는 틀 안에 정보를 왜곡해 집어넣었다고 할 수 있다.

한편 소문이 소문을 부른다고들 하는데 이는 어떤 경우를 가리킬까? 이 문제에 관해 생각한 것은 두 번째 고전, 다모쓰 시부타니(1920-2004)라는 일본계 미국인 사회학자가 1966년에 쓴 〈유언비어에 대한 사회학적 연구(Improvised News: A Sociological Study of Rumor)〉라는 책이다. 시부타니는 소문이란 상황의 재정의라고 주장한다. 그는 적절하게 정의할 수 없는 상황에 부닥친 사람이 만드는 사회적 상호작용을 소문이라고 생각했다. 그런 상황에 몰린 사람은 지적으로 행동하기 위해 뉴스를 찾아다닌다. 소문의 본질은 뉴스이다.

적절하게 정의할 수 없는 상황의 대표적인 사례로는 동일본 대지진이 있다. 지진 발생 이후 산성비가 내린다거나 외국인 범죄가 횡행한다는 등 다양한 소문이 난무했던 것을 떠올려보자. 어떤 일이 일어났는지 알 수 없어 불안에 빠진 사람들은 지금 자신이 놓인 상황을 정의할 수 없는 탓에 평소에는 이성적인 사람도 근거 없는 정보에 의지해 타인이 쉽게 믿을 만한 설득력 있는 해석을 하려 한다. 이것은 앞서 말한 '동화'와도 이어지는 이야기다.

처음에 말한 맥도날드 패티에 관한 소문은 '상업 전설(Mercantile Legend)'이라고 불린다. 한 연구에 따르면 상업 전설의 타깃이 되기 쉬운 대상은 시장 점유율이 높거나 시장을 독점하는 대기업이라고 한다. 모스버거가 아니라 맥도날드가 소문의 당사자가 되기 쉽다는 뜻이다. 이를 구약 성경에 등장하는 거인 병사 골리앗에 빗대어 '골리앗 효과(Goliath Effect)'라고 한다.

상업 전설이 퍼질 때는 정보의 평균화나 강조가 일어난다. 맥도날드와 관련한 상업 전설이 퍼진다는 말은 그와 동시에 상황의 재정의가 일어난다는 뜻이다. 이때 정보의 진실 여부가 아닌 설득력이 있는지가 중시될 경우가 있다. 이것이 동화다.

소문을 보면 인간이란 자기 확신에서 벗어나기 힘든 동물이 아닌가 싶다. 하지만 역으로 정보를 퍼트리기 위해서는 받아들이는 사람의 확신이 무엇인지를 이해하는 일이 중요하다고 할 수 있다. 물론 거짓말은 나쁘지만 쉽게 동화될 수 있는 정보를 퍼트리는 것이 마케팅 커뮤니케이션의 핵심이다.

***NOTE***

정보를 퍼트리려면 정확성뿐만 아니라

설득력이 있는지가 중요하다.

머리말에서 나는 이 책을 읽으면서 동물적인 존재에서 점차 문화적인 존재로 변해가는 소비자에게 초점을 맞춰 나가겠다고 말했다. 이 장에서는 인간의 인간다운 면을 생각해 본다.

# Part 5.

# 인간은
# 문화적
# 존재

# 43 | 밀레니얼 세대마저 향수를 느끼는 영화 '올웨이즈- 3번가의 석양'

**노스탤지어와 집단 기억**

"모퉁이엔 일류 백화점 시라키야, 구로키야가 있고. 예쁜 언니한테 이것 달라 저것 달라며 주는, 일이 만 원은 푼돈입죠." 이 대사는 〈남자는 괴로워(男はつらいよ)〉라는 영화에서 아쓰미 기요시가 연기한 주인공 토라가 노점상을 하며 물건을 팔 때 자주 하던 말이다. 이 영화는 1969년부터 1995년까지 총 48편이 만들어졌고 한 배우가 연기한 세계 최장 시리즈로 잘 알려져 있다. 어렸을 때는 케케묵은 영화라고 생각했는데 30대에 들어서 빠져들기 시작해 시리즈 전체를 적어도 세 번은 본 것 같다.

이 작품은 인심과 정이 넘치는 변두리 번화가의 모습을 섬세하게 그리고 있다. 그러나 전편의 원작과 각본을 맡은 야마다 요지 감독은 어느 인터뷰에서 이런 변두리 번화가는 실재하지 않으며, 모두가 꿈꾸는 정서적 판타지를 배경에 담아냈을 뿐이라고 말했다. 즉 당시에 이 영화를 본 관객도 그리움을 느끼는, 현실에는 없는 먼 과거를 그린 것이다.

여기서는 그리움에 대해 생각해 보자. 키워드는 '노스탤지어'이다. 노스탤지어란 과거를 슬픔과 동경이 뒤섞인 마음으로 회상하는 씁쓸한 감정이다.

노스탤지어를 활용한 레트로 브랜드는 아주 많다. 스프라이트나 환타 같은 음료가 그렇다. 요즘 세대가 보기에 이들 브랜드는 완전히 새로운 브랜드로만 느껴진다. 하지만 나와 동년배에게는 그리운 정서를 갖게 하는 브랜드이다.

오래된 브랜드를 되살리는 것만이 레트로는 아니다. 그리운 20세기를 콘셉트로 한 타임슬립 글리코(제과 기업 에자키 글리코가 피규어 제작으로 유명한 가이요도사와 함께 만든 피규어 세트 시리즈로, 1950년대와 1960년대를 추억하게 하는 소품이 들어 있다-옮긴이)처럼 1970년 세계 박람회 등 과거를 콘텐츠로 활용한 예도 있다.

왜 레트로 브랜드를 활용할까? 그 이유를 기업, 젊은 세대, 성인, 부모 자녀의 4가지 입장에서 생각해 보자.

첫 번째, 레트로 브랜드를 통해 기업은 자신들의 존재, 다시 말해 정체성을 재확인할 수 있다. 2012년 기업 회생에 성공한 JAL은 1959년에 만든 두루미가 그려진 로고를 2011년부터 다시 사용하기 시작했다. 비행기 꼬리날개에 그려진 로고를 볼 때마다 기업의 초심을 되새길 수 있다는 점에서 매우 효과적이리라.

두 번째, 앞서 말한 대로 젊은 세대에게 레트로 브랜드는 새 브랜드이다. 따라서 새로운 브랜드를 처음부터 다시 만드는 것보다 비용이 적게 든다. 기업이 열심히 쌓아 올린 노력을 활용하지 않는 것은 아까운 일이다.

세 번째, 나이를 먹어 구매력이 생긴 성인에게 그리움을 환기하면 보다 간단히 지갑을 열게 할 수 있다. 노스탤지어는 단순한 그리움이 아니다. 젊을 때 갖고 싶었던 것을 사지 못했다는 아쉬움까지 포함하는 복잡한 감정이다. 특히 고액의 레트로 브랜드는 이런 복잡한 감정을 교묘히 자극한다.

두 번째와 세 번째의 경우 연장자에게는 그리움을 불러일으키지만 젊은 세대에게는 새로움을 준다는 점에서 레트로 브랜드의 양면성을 볼 수 있다.

네 번째, 레트로 브랜드는 어린 시절 가지고 놀았던 것을 부모가 자녀에게도 사주는 파급력을 가진다. 이를 통해 부모는 아이에게 자신의 어렸을 적 이야기를 해줄 수 있다. 레트로 브랜드는 과거와 현재를 이어주는 커뮤니케이션 수단이기도 하다.

물건뿐만 아니라 영화와 같은 콘텐츠도 노스탤지어를 환기해서 큰 인기를 끈다. 대표적인 사례가 2005년에 개봉한 영화 〈올웨이즈-3번가의 석양〉이다. 영화의 무대는 1950년대 쇼와 시대의 도쿄 변두리 번화가다. 건설 중인 도쿄 타워를 배경으로 번화가의 인정 가득한 이웃의 모습이 좋았던 옛 시절을 떠오르게 한다. 흥미로운 것은 이 시대를 산 적이 없는 젊은 세대까지 노스탤지어를 느낀다는 점이다. 기억은 개인을 넘어 사회에 공유되기도 한다.

사회가 공유한 기억을 '집단 기억'이라고 한다. 과거를 직접 경험한 적이 없는 젊은 세대도 사회가 경험한 역사적 사실을 부모나 학교, 매체 등을 통해 배워서 알고 있다. 레트로 브랜드나 〈남자는 괴로워〉, 〈올웨이즈-3번가의 석양〉은 이런 집단 기억을 활용해 고객을 모은 마케팅 사례라고 볼 수 있다.

따라서 무엇이 사회적으로 공유된 기억이고 노스탤지어인지는 마케터뿐만 아니라 영화 제작자 같은 창작자에게도 중요한 문제일 듯하다.

한편 노점상을 하는 토라는 처음에 소개한 대사를 신나게 읊으며 가끔 팔리지 않을 때도 있지만 꽤 노련하게 물건을 판다. 이 천재적인 마케터에게 경의를 담아 언젠가 '토라에게 배우는 마케팅'이라는 책을 써보고 싶다.

---

**NOTE**

경험하지 않아도 느낄 수 있는 그리움이 있다.

# 44 | 프랑스 요리를
먹기가 두려운
벼락부자

**문화 자본과
경제 자본**

부자와 가난한 사람을 생각해 보자. 부자는 원하는 것을 살 수 있다. 가난한 사람은 그렇지 못하다. 가진 돈의 양이 다르기 때문이다. 이렇게 생각하면 돈은 없는 것보다 있는 편이 낫다.

하지만 우리는 돈의 많고 적음이 사람의 가치를 결정하지 않는다는 사실 역시 알고 있다. 가령 돈을 많이 가졌지만 부러운 생각이 들지 않는 사람도 있다. 어떤 사람일까?

다양한 사람이 있겠지만 가장 유력한 후보는 돈만 있고 품격이 없는 사람이다. 돈과 품격의 문제를 생각할 때 유용한 것이 프랑스 사회학자

피에르 부르디외(Pierre Bourdieu)의 생각이다. 부르디외는 경제 자본과 문화 자본이라는 키워드로 이 문제를 바라보았다.

'경제 자본'이란 간단히 말해 돈이다. 그렇다면 문화 자본은 과연 무엇일까? '문화 자본'이란 학력이나 교양 등 돈 이외에 개인이 가진 자산이다. 정리하면 경제 자본은 돈, 문화 자본은 품격이 된다.

부자는 두 유형으로 나눌 수 있다. 처음부터 부잣집에서 태어난 사람과 자수성가한 사람이다. 있는 그대로 말하면 전자는 아가씨와 도련님이고 후자는 벼락부자다. 두 부류 모두 경제 자본은 있지만 문화 자본의 수준에는 차이가 있다.

아가씨와 도련님은 부유한 집안에서 태어났기 때문에 피아노를 배웠거나 프랑스 식사 매너가 몸에 배어 있을 가능성이 높다. 또 어릴 적부터 외국인을 만날 기회가 많아서 외국어에 자신이 있을 수도 있다. 게다가 전통 예술부터 오페라까지 섭렵한다. 그야말로 풍부한 문화 자본을 가졌다고 할 수 있다.

한편 벼락부자는 프랑스 요리 따위 부자가 되기 전까지 먹어본 적이 없는 탓에 식사 매너를 알지 못하고, 접시 양쪽에 놓인 여러 종류의 포크와 나이프를 보고 쩔쩔맨다. 코스 요리가 나올 때마다 알맞은 포크와 나이프를 사용하고 있는지 계속해서 신경 쓴다. 라멘을 좋아하고 푸른곰팡이 치즈가 왜 맛있는지 잘 모른다. 문화 자본이 부족한 것이다.

벼락부자는 부족한 문화 자본을 채울 필요가 있다. 내가 수업에서 이 이야기를 할 때 학생들에게 자주 보여주는 영상이 있다. 남성 패션 잡지

〈GQ〉가 인터넷에 공개한 '1,600만 원으로 바나나 먹는 법을 배운다: 상위 1%의 중국 부자들'이라는 영상이다.

12일 동안 1,600만 원이라는 수업료를 내는 피니싱 스쿨, 소위 신부 수업 학교에서는 고급 브랜드를 발음하는 법부터 냅킨 접는 법, 우아하게 굴 먹는 법 등을 가르쳐준다. 예를 들어 굴을 먹을 때는 "얼굴을 접시에 가까이 대면 안 됩니다. 중국 요리는 머리를 숙이고 먹지만 서양 요리는 달라요." 하고 지도한다.

학생들의 감상 중에는 '저런 걸 배우는 데 그 많은 돈을 쓴다고?'라는 의견이 항상 있다. 그러나 엄청난 기세로 수많은 부유층이 탄생하고 있는 곳이 중국이다. 피니싱 스쿨 경영자의 말처럼 이런 교육이 요구되는 것이다. 벼락부자는 자신 또는 자신의 자녀를 아가씨, 도련님으로 만들기 위해 투자를 아끼지 않는다.

부르디외는 문화 자본에는 3가지가 있다고 생각했다.

첫 번째는 객체화된 문화 자본으로 소위 물건을 말한다. 집에 피아노가 있다거나 골동품, 장서가 있는 식이다.

두 번째는 제도화된 문화 자본이다. 이것은 학위처럼 학력이나 꽃꽂이 보조 강사 자격증 같은 제도가 보증하는 문화 자본이다.

세 번째는 신체화된 문화 자본으로 말투나 행동, 미적 감각 등을 가리킨다. 이렇듯 신체화된 문화 자본을 부르디외는 '아비투스'라고 불렀다.

당신은 사과를 어떻게 먹는가? 껍질째 베어먹는 사람도 있고, 껍질을 벗겨 심을 깔끔하게 자르고 8등분해서 접시에 담아 포크로 먹는 사람도 있다. 전자는 품위가 낮고 후자는 품위가 높다고 할 수 있다. 이렇게 식사 예절을 포함한 행동이나 동작이 아비투스이다.

위에서 언급한 중국 피니싱 스쿨에서는 껍질을 벗기지 않은 바나나를 나이프와 포크로 먹는 방법도 배운다. 영상에 따르면 일단 옆으로 눕힌 바나나의 양끝을 나이프로 잘라내고 둥근 바깥쪽과 안쪽의 껍질에 가로 일직선으로 칼집을 낸 뒤 위 껍질을 들어내면 우아하게 바나나를 먹을 수 있다. 나는 태어나서 지금까지 바나나 껍질을 손으로 벗겨온 사람이라서 많은 공부가 되었다. 다만 앞으로도 손으로 먹을 생각이다.

| | 문화 자본 없음 | 문화 자본 있음 |
|---|---|---|
| 경제 자본 있음 | 벼락부자 | 아가씨 도련님 |
| 경제 자본 없음 | 가난한 사람 | 사양족 |

가난한 사람이 부자가 되듯 부자도 가난해질 수 있다. 다자이 오사무의 〈사양〉처럼 말이다. 소설 속 인물들처럼 몰락한 귀족 계급을 한때 '사양족'이라고 부르기도 했다. 사양족은 경제 자본은 줄어들었지만 문화 자본은 그대로 남아 있는 사람들이다.

문화 자본과 경제 자본의 유무를 바탕으로 사람을 분류하면 세상에는 가난한 사람, 벼락부자, 아가씨와 도련님, 사양족의 4가지 유형이 존재한다.

한 유형에서 다른 유형으로 이동하는 것, 다시 말해 부자가 되거나 가난해지는 사람이 있다는 말은 다른 관점에서 보면 사회에 유동성이 존재함을 의미한다.

다만 계급은 재생산되기도 한다. 사람들은 대개 자신과 같은 계급의 사람과 결혼하는 경우가 많다고 알려져 있다. 이를 '동형 배우'라고 한다. 이로 인해 계속 같은 계급에 머무르게 되는 것이다.

지금까지 매우 노골적인 이야기를 했다. 부디 빈부가 단순히 돈의 많고 적음의 문제가 아니라는 사실을 이해했기 바란다. 만약 이해했다면 그만큼 문화 자본이 풍부해졌다는 증거다.

---

**NOTE**

가난은 단순히 돈의 문제만이 아니다.

---

# 45

# 집사와 가정부는
# 왜 깨끗하고 빳빳하게
# 다림질된
# 제복을 입고
# 있을까?

**과시적 소비와
대리적 소비**

우리는 지금까지 왜 물건을 사는지 생각해왔다. 여기서는 다른 관점에서 이 문제를 들여다본다.

수세미는 우엉에 묻은 흙먼지를 털어내기 위해 쓴다. 컵은 물을 담아 마시기 위한 용도다. 펜은 글씨를 쓰기 위해 사용한다. 이처럼 각각의 물건에는 기능이 있다. 이런 점에서 우리는 기능을 산다고 할 수 있다.

그러나 반드시 기능 때문에 물건을 사고 서비스를 이용하는 것은 아니다. 고급 외제차를 타는 사람이 있다고 치자. 그 사람이 만약 이동 수단으로 차가 필요하다면 경차도 상관없지 않을까? 하지만 왜 경차가 아닌 고급 외제차여야 할까?

물론 그 사람은 안전성이나 승차감이 월등하고 디자인이 멋있어서 고급 외제차를 탈지도 모른다. 이런 기능은 대개 경차에는 기대하기 어렵거나 혹여 있다고 해도 만족스러운 수준이 아니기 때문이다.

그런데 과연 이 이유만 있을까? 어쩌면 그 사람은 자신의 부를 과시하기 위해 고급 외제차를 탈 수도 있다. 소스타인 베블런(Thorstein Veblen, 1857-1929)이라는 100년도 더 전에 태어난 학자는 여기에 '과시적 소비'라는 이름을 붙였다. 이에 관해 좀 더 살펴보자.

당신은 '트로피 와이프'라는 말을 들어본 적이 있는가? 트로피 와이프란 돈 많은 남자의 아내가 된 젊은 미녀를 가리키는 말이다. 가끔 미국의 나이 지긋한 부호가 자식뻘 되는 모델 출신의 미녀와 결혼했다는 이야기를 접할 것이다. 아마 유명한 부부의 사례를 떠올린 이도 있을 듯하다. 그런 부호에게 젊고 아름다운 아내는 자신의 성공과 부를 세상 만천하에 보여줄 수 있는 일종의 트로피와 같다. 트로피 와이프라는 말 속에는 그런 의미가 숨어 있다.

물론 누구와 결혼하든 그것은 그 사람 마음이고, 트로피 와이프라는 표현은 여성에게 매우 무례한 말이다. 다만 트로피 와이프에 숨겨진 뜻은 베블런의 과시적 소비라는 고전적인 개념에 완벽히 들어맞는 표현이라고 할 수 있다.

과시적 소비란 이렇듯 자신의 부를 보여주려는 목적의 소비를 일컫는다. 따라서 소비 대상은 반드시 기능을 갖출 필요가 없다. 고급 외제차는 기능성 때문에 소비자의 선택을 받기도 하지만 좋은 과시 수단이 되기 때문에 선택받기도 한다.

그렇다면 과시적 소비는 부자들만의 전유물일까? 아니다. 부가 아닌 고상한 취미나 세련된 감각을 과시하려고 할 수도 있다. 21세기의 전형적인 사례로는 인스타그램의 감성 어필이 대표적이다. 인스타그램에 올라오는 라테 아트 커피는 그저 맛있어서 사먹는 것만은 아니다. 라테 아트처럼 세련된 취향을 즐기는 자신의 모습을 모두에게 어필하려는 의도도 있다. 조금 시니컬한 분석이지만 이 시니컬함이 베블런 이론의 진면목이다.

베블런은 과시적 소비와 더불어 '과시적 여가'라는 말도 남겼다. 부자는 왜 매너가 몸에 배어 있을까? 신분이 높아서일까? 그는 다음과 같이 생각한다.

진정한 부자라면 악착같이 일할 필요가 없다. 그들에게는 가난한 사람이 누리기 힘든 여유가 있다. 한편 매너란 몸에 배기까지 아주 많은 시간이 걸린다. 따라서 가난으로 숨 쉴 틈 없는 사람은 매너를 배우려야 배울 수가 없다. 그러나 부자는 여유가 있어서 세련된 매너를 배울 수 있다.

이를 달리 말하면 부자는 아무것도 하지 않고도 살아갈 능력이 있음을 과시하기 위해 매너를 배운다고 할 수 있다. 이런 식으로 생각하는 베블런은 상당히 꼬인 사람인 듯하다. 하하하.

이는 교양 지식과 취미도 마찬가지다. 와인을 잘 안다거나 트라이애슬론을 하는 것은 단순히 좋아해서만이 아니다. 와인을 잘 알기 위해서

나 트라이애슬론을 연습하기 위해서는 시간이 필요하다. 베블런의 과시적 여가라는 관점에서 본다면 그들은 그런 시간을 만들 여력이 있음을 과시한다고 할 수 있다.

나아가 베블런은 '대리적 소비'나 '대리적 여가'라는 말도 한 적이 있다.

돈 많은 남편을 둔 아내는 값비싼 액세서리와 옷으로 몸을 치장한다. 또 주인을 모시는 집사나 가정부는 빳빳하게 다림질된 깨끗한 제복을 입고 있다. 그 이유는 무엇일까? 이 역시 베블런은 '멋있고 깔끔한 것을 좋아해서'와 같은 평범한 생각은 하지 않는다. 그는 아내나 집사, 가정부가 깔끔한 차림을 하는 이유를 남편이나 집주인의 부와 명예를 과시하기 위해서라고 설명한다. 이런 목적의 소비를 대리적 소비라고 부른다.

대리적 여가도 같은 이치다. 아내가 다도와 꽃꽂이를 즐기거나 전편이 50여 권에 이르는 고전 작품을 읽는 이유도 그만큼 여가가 있고, 그런 여가를 보장해주는 잘난 남편의 부를 과시하기 위해서다.

베블런의 세계에서 재화와 서비스는 기능을 제공하는 도구가 아니라 타인을 향한 과시의 수단이다. 이는 매우 편협한 생각일지 모른다. 어쩌면 19세기 미국 사회를 바탕에 둔 시대착오적인 발상일 수도 있다. 그러나 이런 견해를 통해 세상을 조금은 다른 각도로 바라볼 수도 있으리라. 우리도 한번 베블런이 되어 보면 어떨까?

재화와 서비스는 과시를 위해 존재한다.

# 46

# 한때
# 총리 부인도
# 입었던
# 미니스커트

### 트리클 다운
### 이론

누구나 옷장에서 자리만 차지하는 옛날 옷들이 있을 것이다. 오랜만에 꺼내서 입어봐도 어쩐지 촌스러워서 입기는 좀 그래서 다시 옷장에 처박아 놓는다. 버려도 되지만 어디가 찢어져서 못 입는 것도 아니어서 결국은 다시 옷장행이다.

우리가 옷을 안 입게 되는 이유가 옷이 닳거나 찢어져서만은 아니다. 유행이 지나서 입지 않을 때도 있다. 유행 따위 없었으면 좋겠다고 생각하는 사람도 있겠지만 유행하는 패션에 마음이 설레는 사람도 있다. 유행은 왜 일어날까? 여기서 등장하는 인물이 게오르그 짐멜(Georg Simmel,

<sub>1858-1918)</sub>이라는 오래전에 활동한 독일의 철학자이자 사회학자다.

짐멜이 살았던 유럽은 계급사회였다. 그래서 그는 계급의 차이가 유행을 만들어내는 과정에 큰 역할을 한다고 생각했다. 그가 가정한 세상에는 상류계급, 중간계급, 하류계급의 3가지 계급이 있다.

유행은 상류계급에서 탄생한다. 상류계급의 패션을 A라고 하자. A는 시간이 지나면 바로 아래 중간계급 사이에서 유행하게 된다. 왜냐하면 중간계급은 동경하는 상류계급과 똑같은 존재가 되고 싶기 때문이다. 이런 현상을 동질화라고 한다.

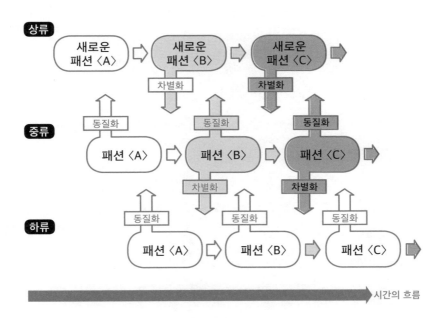

다시 시간이 지나면 중간계급에서 유행한 A를 하류계급도 모방하

기 시작한다. 하류계급 역시 동경하는 중간계급과 동질화하길 원하기 때문이다.

한편 상류계급은 더 이상 A를 입고 싶어 하지 않는다. 그 이유는 아래 사람, 즉 중간계급이 똑같이 A를 입고 있기 때문이다. 상류계급은 중간계급과 같은 취급을 받고 싶지 않다. 이것을 차별화라고 한다. 그래서 상류계급은 A를 버리고 새로운 패션 B를 입는다.

그러면 중간계급과 하류계급 사이에서도 똑같은 일이 일어난다. 중간계급은 하류계급과 같은 취급을 받고 싶지 않으므로 상류계급보다 늦게 A를 버리고 동경의 대상인 상류계급이 선택한 B를 입는다. 중간계급을 동경하는 하류계급은 가장 늦게 B를 입는다.

모두 이해했겠지만 이렇게 되면 상류계급은 B를 버리고 C를 입는다. 그리고 물이 떨어져 내리듯 C가 중간계급과 하류계급으로 퍼져 나간다. 이렇게 새로운 패션 D, E, F…가 차례차례 탄생하며 하위계급으로 확대된다.

조금 전 '물이 떨어져 내리듯'이라고 했다. 이 비유에 착안해 짐멜의 유행 이론은 '트리클 다운 이론'이라고 불린다. 트리클 다운이란 말 그대로 물이 떨어진다는 뜻이다.

트리클 다운 이론에서 전제하는 인간상은 타인과 같아지고 싶은 한편 같은 취급을 받고 싶지 않다는 마음을 가지고 있다. 동질화와 차별화라는 정반대의 가치관을 동시에 지닌 인간을 전제한다는 점에서 트리클 다운 이론은 양가설이라고 불리기도 한다.

그렇다면 21세기 현대 사회에서는 어떻게 유행이 탄생할까? 상류계급에서 시작될까? 물론 현재도 계급이 존재하기는 하지만 그 외에 다른 이유도 있다.

데님은 알다시피 원래 미국 골드러시 시대의 광부 작업복이었다. 그런데 지금은 30만 원을 넘는 고급 브랜드 데님까지 있다. 데님은 이제 하이패션이다.

또 스트리트 패션이었던 미니스커트는 프랑스 패션 디자이너 앙드레 쿠레주(Andre Courreges)가 1965년에 첫선을 보이자마자 선풍적인 인기를 끌었다. 특히 영국 출신 모델 트위기(Twiggy)가 미니스커트 보급에 큰 역할을 했다고 알려져 있다. 그녀는 1967년에 방문한 일본에서도 미니스커트 붐을 일으켰다. 1969년에는 사토 에이사쿠 총리의 부인이 미국을 방문할 때 미니스커트를 입어서 큰 화제를 모으기도 했다.

데님과 미니스커트는 패션이 상류계급에서 하류계급으로 흐른 것이 아니라 반대로 거슬러 오른 사례라고 볼 수 있다. 이를 '트리클 업'이라고 한다. 짐멜이 살았던 시대였다면 노동자나 거리의 패션은 상류계급의 선택을 받을 수 없었을 것이다. 하지만 지금은 이 역시 가능해졌다.

더불어 계급이라는 기준이 아니라 멋에 대한 관심을 기준으로 하더라도 이 술래잡기 같은 트리클 다운 이론은 성립될 듯하다.

지금은 길이가 짧은 바지에 복사뼈를 드러내고 하얀 스니커즈를 신은 남성을 많이 본다. 한 신문사 관계자에게 직접 들었는데, 이런 패션을 구루부시 패션(구루부시는 복사뼈를 뜻한다-옮긴이)이라고 부른다고 한다. 여하튼 멋에 민감한 사람에게서 패션이 시작되고 몇 년이 지나면 패션에 무관심해 보이는 사람도 비슷한 옷을 입기 시작한다. 이렇게 유행이 시작되면 패션 리더들은 그런 상황이 마음에 들지 않아서 구루부시 패션을 포기하고 다른 패션을 선택한다. 실제로 이미 변화가 일어나고 있다.

이와 같은 예는 셀 수 없이 많다. 내가 처음 교단에 설 무렵 한 학생이 우라하라주쿠 패션(1990년대 후반부터 2000년대 초반에 하라주쿠 뒷골목에서 유행한 일본 젊은 세대의 스트리트 패션으로, 상의와 하의 모두 펑퍼짐하게 입는 것이 특징이다-옮긴이)을 주제로 졸업논문을 썼다. 학생이 조사한 바에 따르면 우라하라주쿠 패션이 유행하면 하라주쿠 뒷골목에 비슷한 가게가 많이 생겨난다고 한다. 그러면 선두를 달리는 우라하라주쿠 브랜드는 이를 못마땅하게 여겨 다른 장소로 가게를 이전한다고 한다. 이미 유행이 되어 버린 우라하라주쿠 패션과의 차별화를 꾀했다고 할 수 있다.

패션은 어렵다. 무엇이 멋인지를 아는 협소한 커뮤니티의 암묵적 합의가 일반인에게 널리 퍼지면 합의는 깨져 버리고 만다. 멋과 희소성은 동전의 양면이다. 이런 문제를 생각할 때 트리클 다운이라는 오래된 이론은 지금도 유용하다. 유행이 지난 옷처럼 깊숙이 넣어두기에는 아까운 마음이 든다.

## 47 | 오타쿠 문화는
더 이상
오타쿠 문화가
아니다?

**서브컬처와
스티그마**

서브컬처라는 말을 들으면 무엇이 떠오르는가? 만화나 애니메이션? 또는 보사노바와 구제와 잡화점 빌리지 방가드를 좋아하는, 시모기타자와(도쿄 북동부에 있는 지역으로 인디 문화를 즐길 수 있어 서브컬처의 성지로 여겨진다-옮긴이)에 있을 법한 여성?

'서브컬처'란 지배적 문화인 메인컬처와 대립하는 소수의 문화를 가리킨다. 한 집단 특유의 가치관을 기반으로 만들어진 서브컬처는 메인컬처와의 모순과 대립을 내포한다. 서브컬처를 좋아하는 이들은 일반 가요나 맥도날드를 좋아하는 보통의 사람들과는 다른 점을 어필한다. 일반인과의 모순과 대립을 암시한다고 할 수 있다.

그러나 서브컬처는 취미나 패션에만 한정되지 않는다. 인종이나 민족에 근거하거나 종교나 세대에 기반을 둔 서브컬처도 있다.

도쿄 오쿠보에 있는 코리아타운처럼 민족을 바탕으로 한 서브컬처가 있다. 또 무슬림과 같은 종교적 서브컬처가 있다. 세대에 따른 서브컬처는 단카이 세대나 버블 세대 등을 떠올려보자.

이렇듯 세상에는 다양한 서브컬처가 있는데 여기서는 취미나 패션에 기반한 서브컬처를 깊이 다뤄보고자 한다.

서브컬처 외에도 카운터컬처, 유스컬처라는 말이 있다. '카운터컬처'는 지배적인 문화를 적대시하고 그에 반항하는 서브컬처를 말한다. '유스컬처'는 위 세대의 지배적인 문화에 대항하고 자기 세대의 개성을 주장하기 위해 젊은 세대가 형성한 서브컬처이다.

카운터컬처이자 유스컬처인 서브컬처의 사례로는 1960년대 영국 런던을 중심으로 퍼진 젊은 세대의 문화 '모드족'이 있다. 그들은 잘록한 허리선을 드러내는 화려한 꽃무늬 셔츠에 슬림 팬츠나 통이 넓은 바지를 입고 넥타이를 맸다. 그리고 개조한 스쿠터를 타고 다녔다. 그들은 평범한 사람이 사용하는 스쿠터나 넥타이를 일부러 반항의 상징으로 활용했다. 어떤 이유에서였을까?

영국의 문화학자 딕 헵디지(Dick Hebdige)는 〈하위문화(subculture)〉라는 책에서 모드족에 대한 재밌는 분석을 내놓는다. 그는 이 책에서 "스쿠터는 나무랄 데 없는 운송 수단이었지만 이제는 단결된 그룹의 위협적인 상징이 되었다."라고 말했다. 개조한 스쿠터에는 불필요한 라이트가 10개 이상 붙어 있기도 했는데, 모드족은 기능이나 성능 같은 보통의 가치에 반기를 들고 단순한 운송 수단이었던 스쿠터를 카운터컬처의 상징으로 만들었다.

책에는 이런 대목도 있다.

"슈트, 칼라, 넥타이, 짧게 자른 헤어 등은 샐러리맨 세계의 전통적인 표징이다. 모드족은 표징이 가진 기능성, 야심, 권위를 향한 복종과 같은 원래의 기능을 없앴다. 그 대신 표징을 소유하고 애착을 갖게 하는 대상으로, 즉 물건 자체의 가치를 존중하는 '공허한' 주물로 바꿔놓았다."

슈트는 회사에 소속된 사람, 다시 말해 조직 구성원을 상징한다. 하지만 모드족은 일부러 이 상징을 선택해 멋지게 소화함으로써 그 배경에 자리한 메인컬처를 조롱하는 상징으로 바꿔 버렸다.

그러나 모드족이라는 서브컬처가 성립하기 위해서는 온전한 메인컬처의 존재가 필요하다. 왜냐하면 서브컬처, 특히 카운터컬처는 대항하고 반항할 '상대'가 있어야만 성립되기 때문이다. 만약 서브컬처가 많은 사람에게 받아들여지면 메인컬처가 되고 만다.

서브컬처가 메인컬처가 된 유명한 사례로는 일본 만화나 애니메이션의 오타쿠 문화를 들 수 있다. 과거 오타쿠는 가까이하기 싫다는 부정적인 이미지가 있었다. 오타쿠는 두꺼운 안경을 쓰고 엄마가 사준 멋과는 거리가 먼 패션을 하고, 교내 서열에서도 꼴찌인 데다가 여성과는 말도 섞지 못하지만 '덕질'에는 일가견이 있고 코믹콘에 이상할 정도로 열심이다. 모드족이나 오타쿠도 사회에서 소외되는 측면이 있다. 위에서 나열한 것처럼 색안경을 끼고 보기 때문이다. 이것이 때로는 스티그마를 만들어내기도 한다.

'스티그마'란 매춘부와 같은 특정 부류의 사람에게 씌워진 부정적인 이미지를 말한다. 몸을 파는 일이 차별의 이유가 된다고 말한 사람은 인상 관리를 논했던 사회학자 어빙 고프먼이었다.

오타쿠에게도 이런 스티그마가 있다는 사실을 쉽게 예상할 수 있다. 기모오타(기분 나쁜 오타쿠라는 뜻-옮긴이) 같은 표현은 스티그마를 노골적으로 보여준다.

옛날에는 어른이 전철에서 만화책을 읽으면 비난을 받았다. 하지만 지금은 어른뿐만 아니라 누구든지 만화책을 읽는다. 또 코믹콘 같은 이벤트는 더 이상 오타쿠만의 전유물이 아니다. 수업에서 코믹콘에 가본 사람이 있는지 물으면 꽤 많은 학생이 손을 든다. '저는 무슨무슨 오타쿠인데요.' 하는 학생도 제법 있다. 서브컬처였던 오타쿠 문화가 젊은 세대의 메인컬처로 자리 잡은 것이다.

메인컬처는 싫지만 메인컬처가 있기에 가능한 서브컬처. 이런 모순을 깨달으면 소비를 통한 반항이라는 행위 속 와비사비, 즉 '불완전함의 미학'을 발견할 수 있으리라.

서브컬처가 존재하려면

반드시 메인컬처가 필요하다.

# 48

# 국물 없는
# 탄탄멘은
# 어디서 왔는가
# 하는 문제

**탈민족화와
피자 효과**

이제는 해외에 나가지 않아도 세계 각국의 음식을 먹을 수 있다. 중화 요리부터 프렌치, 이탈리안, 타이 음식에 이르기까지 다양한 요리를 먹을 수 있는 환경은 참 감사한 일이다.

　코로나 이전에는 많은 중국인 관광객이 일본에 들어왔다. 그들이 좋아하는 음식 중 하나가 라멘이다. 라멘은 원래 중국 음식 아닌가 하고 생각하는 사람도 있을 것이다. 물론 중국에도 국물이 있는 면 요리가 있긴 하지만 일본 라멘과는 다르다. 라멘은 일본에서 독자적으로 진화한 음식이다.

이런 예는 많다. 덴푸라가 원래 포르투갈 음식이었다는 말을 들어본 적이 있는가? 덴푸라는 16세기에 총과 함께 그 원형이 된 음식이 전해 졌다고 알려져 있다.

일본인은 다른 나라 음식을 곧잘 일본화한다. 이탈리아 정통 파스타 에 명란젓을 넣거나 제노베제 소스에 차조기잎을 넣어 퓨전 요리로 만 든다. 베이글은 원래 유대인 음식이었는데 일본에서는 쑥이나 노자와나 라는 채소를 반죽에 넣어 먹는다.

이렇듯 한 나라, 한 민족의 음식을 다른 나라에서 먹게 되면 원조 요 리에서 독자적으로 진화할 때가 있다. 이것을 '탈민족화'라고 한다. 이 것이 일본에서만 일어나는 현상은 아니다. 미국인은 피자를 아주 좋아 하는데 그들이 먹는 피자는 이탈리아 본토 피자와는 전혀 다른 형태로 진화했다.

탈민족화 음식은 시간이 지나면서 복잡한 양상을 띤다. 탄탄멘을 생 각해 보자. 한때 인기를 끈 국물 없는 탄탄멘은 돌고 돌아서 제자리를 찾 은 재밌는 탈민족화의 사례다.

중국 쓰촨성에서 만들어진 탄탄멘에는 원래 국물이 없었다. 이것을 쓰촨성 출신의 요리사 첸지옌민이 국물이 있는 탄탄멘으로 바꿨다고 한 다. 첸지옌민은 일본에 사천요리를 널리 퍼트린 인물로도 유명하다. 참 고로 그의 아들은 '요리 철인(料理の鉄人)'이라는 방송으로 유명한 첸케 니치이다.

우리가 아는 탄탄멘에는 국물이 있다. 그런데 몇 년 전부터 국물 없는 탄탄멘이 인기를 얻기 시작했다. 애초에 탄탄멘은 국물이 없는데 굳이 국물 없는 탄탄멘이라고 부르는 것은 '역전 앞'이나 '큰 거인'처럼 동어반복 같아서 재밌다.

탈민족화와 관련된 표현 중에는 '피자 효과'라는 말이 있다. 위에서 말한 대로 피자는 원래 이탈리아 음식이지만 미국에서 독자적으로 진화했다. 그리고 이탈리아에 역수입되어 이제는 현지 사람도 미국식 피자를 즐긴다. 이렇듯 탈민족화 음식이 부메랑처럼 다시 돌아와서 정착하는 현상을 피자 효과라고 한다.

피자 효과의 사례는 다양하다. 영국에서는 닭고기에 향신료를 발라 구운 치킨 티카 마살라(Tikka Masala)라는 인도 요리가 처음 만들어졌는데 이것이 지금은 인도에서도 인기가 있다고 한다.

일본 음식 중에는 라멘이 피자 효과의 대표적인 사례라 할 수 있다. 아지센 라멘이라는 구마모토에 본점을 둔 라멘 체인점은 중국에 600개 이상의 점포를 가지고 있다. 중국에서 성공한 일본 레스토랑 중 하나다. 중국에 기원을 둔 라멘이 이제는 중국인들 사이에서도 즐겨 먹는 일본 음식이 되었다.

이렇게 생각하면 서드웨이브 커피 붐을 일으킨 블루보틀 커피도 피자 효과의 하나라고 할 수 있다. 블루보틀 커피의 창업자는 한 잔씩 드립 방식으로 커피를 내리는 일본의 전통 찻집, 깃사텐에 감명을 받아 드립 커피 체인점을 만들었기 때문이다.

탈민족화나 피자 효과를 보면 음식의 원조를 설명하는 일이 어렵다는 것을 알 수 있다. 초밥은 이제 세계적인 음식이 되었다. 그런데 일본인이라면 해외여행을 간 곳에서 일본에서는 볼 수 없는 이상한 초밥을 본 적이 있을 것이다. 미국에서 탄생한 캘리포니아 롤이나 보스턴 롤은 재료 순서가 반대로 되어 있어서 김이 안에 오고 밥이 바깥에 온다. 풍문으로는 김을 본 적이 없는 미국인이 싫어해서 안쪽에 넣고 말았다는 말이 있다.

나도 싱가포르에서 딸기가 얹어진 초밥을 먹은 적이 있다. 예상대로 별로 맛있지는 않았지만 캘리포니아 롤은 좋아한다. 게맛살이나 아보카도를 넣은 아이디어는 훌륭한 것 같다. 부디 피자 효과가 일어나 일본에서도 자주 먹을 수 있게 되었으면 좋겠다.

2006년 일본 농림수산청은 진짜 일본 음식점을 인증해주는 해외 일본 레스토랑 인증 제도를 도입하려 했다. 제대로 된 초밥을 세계에 알리겠다는 시도였지만 '스시 폴리스'라는 소리를 들으며 세계의 뭇매를 맞았다.

이 프로젝트는 결국 흐지부지되었다고 하는데 애초에 다양한 외국 음식을 대담무쌍하게 퓨전으로 만들어온 것은 일본인이다. 나폴리탄 스파게티를 나폴리 사람에게 주면 열에 아홉은 깜짝 놀라지 않을까. 하지만 어린 시절을 떠올리게 하는 나폴리탄은 나폴리탄대로 맛있다. 이렇듯 탈민족화가 요리를 진화하게 하기도 한다.

# 49

## 차를 소유하지 않는 경향은 젊은 세대에만 해당할까?

**코호트 효과,
연령 효과,
시대 효과**

젊을 때 거품 경제를 경험한 사람들을 버블 세대라고 한다. 버블 세대 이외에도 단카이 세대, 단카이 주니어 세대, 유토리 세대처럼 다양한 세대가 있다. 세대에 대해 생각해 보자.

나이와 세대는 비슷한 말 같지만 의미가 다르다.

나는 20대 학생들만큼 밥을 많이 먹지 못한다. 똑같이 먹었다가는 곧바로 살이 찌고 말 것이다. 또 튀김을 너무 많이 먹으면 속이 부대낀다. 개인차가 있긴 하겠지만 나이를 먹으면 다양한 의미에서 노화가 일어난다. 이는 나이 때문이다.

학생들에게는 "20년 후에는 너희도 이렇게 될 거야." 하고 말한다. 중요한 포인트는 단카이 주니어 세대인 나나 유토리 세대인 내 학생들이나 노화는 똑같이 일어난다는 점이다. 20대에는 가능했던 일이 40대가 되면 어려워지는 것은 세대를 불문하고 공통으로 발견되는 현상이다.

한편 세대란 같은 시기에 태어난 사람들을 가리킨다. 단카이 세대는 보통 1947년부터 1949년 사이에 태어난 사람을 말한다. 단카이 세대에는 그 세대 특유의 생각이나 행동이 있다.

가령 단카이 세대가 40세일 때와 단카이 주니어 세대가 40세일 때 먹는 양은 같을지 모르나 생각이나 행동은 다르다. 성장 과정에서 경험한 내용이 다르기 때문이다.

단카이 세대는 젊은 시절에 고도 경제 성장기를 경험했다. 대학을 졸업했다면 학생운동에 참여한 사람도 많다. 남성의 경우 회사에 충성하며 일에 파묻혀 인생을 보낸 사람도 적지 않다.

한편 단카이 주니어 세대는 거품 경제 시기에 10대를 보냈지만 20대가 될 무렵부터 경기가 나빠져서 잃어버린 10년(거품 경제가 붕괴되면서 경기 침체가 이어진 1990년대 초부터 2000년대 초까지의 10년을 가리킨다–옮긴이)의 문턱에서 취업 활동을 시작했다. 이들은 경기가 침체된 사회 속에서 나이를 먹었다.

이 두 세대 사이에 끼어 있는 버블 세대는 돈을 자유롭게 쓴 20~30대로 맛집과 패션, 해외여행을 즐겼다. 경제 호황으로 들뜬 시대 분위기 속에서 인생을 즐긴 경험이 풍부하다.

이처럼 서로 다른 경험을 했기 때문에 각각의 세대를 소비자로 보면 여러 면에서 차이가 난다.

버블 세대와 유토리 세대를 한번 비교해 보자. 버블 세대의 여성과 남성은 아름다운 외모와 세련된 스타일에 관심이 많아서 여전히 여성과 남성이라는 정체성에 많은 투자를 한다. 요즘은 잡지가 잘 팔리지 않는다고 하지만 버블 세대가 나이를 먹으면서 40~50대를 위한 패션지가 늘어났다. 젊을 때 좋은 자동차, 값비싼 브랜드, 고급 레스토랑 등을 즐긴 경험이 있어서 경기 변화에도 그런 취향을 꾸준히 유지해왔기 때문이다.

반면에 유토리 세대는 소유에 대한 집착이 적다. 유니클로처럼 패스트 패션을 중심으로 티 나지 않게 옷을 돌려 입거나 겹쳐 입는 패션을 즐긴다. '프라다가 왜 좋지?' 하는 식으로 버블 세대가 좋아하는 것에는 관심이 없다. 또 차를 소유하지 않고, 차가 없으면 여성과 데이트를 못한다고 생각하는 버블 세대의 사고방식에 얽매이지도 않는다.

세대를 전문용어로 코호트라고 한다. 그래서 세대 특유의 행동이나 생각이 드러나는 것을 '코호트 효과'라고 한다. 한편 나이를 먹으면 늙는 것처럼 세대와 상관없이 나타나는 현상을 '연령 효과'라고 한다. '시대 효과'라는 말도 있다. 세대와 상관없이 특정 시대의 영향을 모두가 받는 현상을 가리킨다. 쉬운 예로 거품 경제 시기에는 세대를 불문하고 쉽게 지갑을 열고 다양한 소비를 즐겼다.

사람들은 종종 '무슨무슨 세대는~', '무슨무슨 세대니까…'라는 말을 한다. 다만 곰곰이 생각하면 이는 코호트 효과가 아니라 연령 효과나 시대 효과일지도 모른다.

가령 '요즘 애들은~' 같은 예전에 자주 하던 잔소리는 어쩌면 연령 효과일 수도 있다. 그때나 지금이나 젊은 세대는 다양한 의미에서 경험이 부족하다. 경험이 풍부한 연장자가 한마디 하고 싶어지는 심리는 시대를 불문하고 관찰되는 현상이다.

또 젊은 세대가 차를 소유하지 않는 경향을 코호트 효과 때문이라고 설명하려면 위 세대가 차를 소유했는지 아닌지를 확인할 필요가 있다. 만약 세대에 상관없이 차를 소유하지 않았다면 시대 효과라고 해석해야 할 것이다.

여기까지 읽은 여러분 중에는 버블 세대가 브랜드를 좋아한다는 등 유토리 세대가 소비에 관심이 없다는 등 단정적인 생각이 많다고 여길지도 모른다. 당연히 브랜드를 싫어하는 버블 세대나 고급 브랜드에 사족을 못 쓰는 유토리 세대도 있을 것이다. 한 세대 전체가 같은 취향을 가졌다는 말은 아니다.

세대 이미지는 스테레오 타입이라는 사실에 주의해야 한다. 스테레오 타입은 맞을 수도, 안 맞을 수도 있는 이미지이다. 전부 틀렸다고 할 수는 없지만 그렇다고 항상 옳지만도 않다.

그렇기 때문에 코호트 효과, 연령 효과, 시대 효과로 구분하는 것이 중요하다. 우리가 공통적으로 떠올리는 세대 이미지가 스테레오 타입인지 아닌지를 확인하고 싶다면 이 3가지 효과로 나누어 생각해 보자.

**NOTE**

한 세대의 특징에서 관찰되는 요소가

반드시 맞는다고 할 수는 없다.

# 50 | 장례식장에서 향을 먹은 오스만 산콘

의례

---

의례는 큰돈을 벌 수 있는 비즈니스라는 이야기를 해볼까 한다.

대다수 일본인은 새해에 절이나 신사에 가서 하쓰모데(지난 한 해를 감사하고 맞이한 한 해의 무사 기원을 바라는 마음으로 드리는 새해 첫 참배-옮긴이)를 한다. 왜 하쓰모데를 할까? 하지 않으면 누구한테 혼나기라도 할까? 아니면 천벌이라도 내릴까? 물론 그런 일은 없다.

하쓰모데 방식은 정해져 있다. 절이나 신사 초입에 세워진 기둥 문을 지나서 손과 입을 씻는 곳에서 몸을 깨끗히 한다. 그런 다음 불전함에 시줏돈을 넣고 종을 울린 뒤 두 번 절을 하고 두 번 손뼉을 치고 다시 한 번 절을 한다. 일본에서 태어나고 자란 사람이라면 '다음에 뭘 하더라?' 하고 생각하지 않아도 마치 작업처럼 자연스럽게 이 순서대로 하쓰모데를 할 수 있다.

이것이 바로 '의례'다. 의례란 정해진 순서에 따라 정기적으로 반복하는 행동을 말한다.

첫 번째 포인트는 '정해진 순서'다. 2번 절 2번 박수 1번 절은 반드시 순서와 횟수를 지켜야 한다. 6번 절 4번 박수 8번 절이라든가 2번 절 1번 박수 1번 절 2번 박수 1번 절처럼 마음대로 바꿔서는 안 된다. 이와 마찬가지로 불전함에 돈을 넣은 뒤에 손과 입을 씻는 것도 NG다.

두 번째 포인트는 '정기적으로 반복하는' 것이다. 하쓰모데는 매년 새해에 반복해서 한다. 하쓰모데를 하지 않는 사람도 있겠지만 하는 사람은 보통 매년 빠지지 않고 한다.

많은 사람이 매년 반복해서 한다면 절이나 신사가 수입을 얼마나 벌어들일지 궁금해질 때가 있다. 사람들은 시줏돈 외에도 부적, 잡신을 쫓는 화살, 바람개비, 행운을 불러모으는 갈퀴 등을 산다. 그리고 그렇게 산 물건은 다음 해에 하쓰모데를 하러 가서 반납하고 새로 다시 산다. 교체 수요가 높은 상품 카테고리라고 할 수 있다.

운세 뽑기도 그렇다. 5년 전 뽑은 종이에 쓰인 말을 믿는 사람은 없다. 올해는 어떨까 생각하면서 매년 돈을 주고 새롭게 운세를 뽑는다.

이렇듯 하쓰모데는 정해진 관습에 따라 정기적으로 반복하는 메커니즘이 형성되어 있다. 메커니즘이 만들어지고 나면 이보다 더 강력한 비즈니스 모델은 없다.

하쓰모데처럼 의례는 소비를 낳는다. 또 다른 사례로 향을 생각해 보자. 장례식에서는 조문객이 모두 향을 피운다. 장례식에 소비라는 말이 어울리진 않지만 장례를 치를 때마다 조문객 수만큼의 향을 반드시 소비한다.

나는 향에 관한 이야기 중에서 오스만 산콘이 처음 장례식에 갔을 때의 에피소드를 좋아한다. 오스만 산콘은 1980년대 TV에 자주 나왔던 기니 출신 방송인이다. 그는 처음 일본의 장례식에 조문을 갔을 때 다른 조문객이 향을 올리고 '얼마나 마음이 아프십니까.' 하고 말한 것을 '얼마나 맛이 있습니까.'로 알아들었다고 한다. 무언가를 먹는 거구나 하고 착각한 그는 자기 차례가 왔을 때 향을 먹어 버렸다.

그도 그럴 것이 잘 모르는 외국인의 입장에서 향을 이마 가까이 받아 드는 모습을 뒤에서 보면 무언가를 입에 넣는 것처럼 보일지도 모른다. 웃긴 에피소드이지만 여기서 중요한 사실은 향을 올린 적이 없는 산콘마저도 이런 의례에 따라야만 하는 분위기가 형성되어 있다는 점이다.

내 친구는 한 장례식에 갔을 때 실수로 앞사람이 지피고 간 향로 안의 향을 손으로 만진 적이 있다고 한다. 평소 같았으면 '앗, 뜨거워!' 하고 소리를 질러도 이상하지 않을 상황이다. 하지만 장례식장에서는 큰 소리를 낼 수 없다. 엄중한 흐름을 깨트려서는 안 된다는 분위기가 있기 때문이다.

이렇듯 향 하나만 봐도 의례는 강력한 규칙이 되어 작용한다. 이 규칙이 깨지지 않는 한 향 시장의 앞날은 밝다고 할 수 있다. 앞으로 사망 인구가 증가하는 점도 플러스 요인이다. 다만 가족장 등 장례 절차가 간소화하는 트렌드는 마이너스 요인이다.

의례는 관혼상제에만 한정된 이야기가 아니다. 우리의 일상 속에도 넘쳐난다. 여러분 중에는 아침에 일어나서 직장이나 학교에 갈 때까지 정해진 루틴에 따라 행동하는 사람이 많을 것이다. 아침에 일어나서 커피를 내리고 이를 닦고 샤워를 한 뒤 옷을 입고 아침을 먹는 행위를 하나씩 매일 아침 똑같은 순서대로 하는 사람이 있다. 같은 순서가 아니면 마음이 불편한 사람도 있다.

집을 나와서도 회사에 들어가기 전에 반드시 스타벅스에 들른다거나 정해진 식당에서 아침밥을 먹는 일종의 규칙을 자신에게 부여하는 사람도 있으리라.

이런 루틴이나 규칙을 '몸치장 의례'라고 한다. 몸치장 의례는 일상 모드에서 업무 모드나 공부 모드로 마음가짐을 바꾸기 위해 많은 사람이 행하는 의례다.

이와 마찬가지로 일이 끝나고 돌아가는 길에 술집에서 술을 한잔하고 가는 습관이 있는 사람도 있다. 이는 반대로 업무 모드에서 일상 모드로 돌아가는 몸치장 의례다. 또 여성이라면 집에 가서 클렌징 오일로 화장을 지우는 일이 몸치장 의례인 경우도 많지 않을까 싶다.

몸치장 의례는 하쓰모데나 향처럼 정해진 순서에 따라 매일 정기적으로 반복하는 일이다. 따라서 몸치장 의례 안에 특정 기업의 제품이나 서비스가 포함된다면 이것만큼 확실한 고객 기반은 없다. 그러니 스타벅스 입장에서는 매일 아침 스타벅스 커피를 마시는 루틴이 중요할 수밖에 없다.

당신에게는 어떤 의례가 있는가? 그로 인해 어떤 소비를 하고 있는가? 곰곰이 생각하면 흥미로울 것이다.

---

**NOTE**

의례는 소비를 낳는다.

---

# 51

# 밸런타인데이가 지나고 딱 한 달 뒤에 돌아오는 화이트데이의 절묘한 타이밍

호혜

밸런타인데이와 화이트데이에 선물을 주고받는가? 이날이 일본이나 한국의 연중행사라는 것은 잘 알려진 사실이다.

2월 14일 밸런타인데이는 원래 서양의 풍습이다. 미국에서는 가족이나 연인, 친구에게 꽃이나 카드를 선물한다. 하지만 일본이나 한국에서는 보통 여성이 남성에게 초콜릿을 준다. 미국 등지에서는 선물을 주는 사람이 여성에 한정되지 않고 선물도 초콜릿일 필요가 없다.

한편 3월 14일 화이트데이는 남성이 여성에게 밸런타인데이의 답례를 하는 날이다. 이는 일본에서 생겨난 풍습이다. 참고로 한국은 4월 14

일을 블랙데이라고 하는데 이날은 애인이 없는 사람들이 검은 옷을 입고 모여서 짜장면을 먹는다고 한다.

선물에 대해 생각해 보자. 선물과 관련해 알아두면 좋은 이야기는 프랑스의 사회학자이자 문화인류학자 마르셀 모스(Marcel Mauss)가 100년 전에 쓴 〈증여론(Essai sur le don)〉에서 다룬 내용이다. 모스는 선물에는 선물할 의무, 받을 의무, 답례할 의무라는 3가지 도덕적 의무가 있다고 했다.

선물할 의무와 답례할 의무는 쉽게 이해되지 않을까 싶다. 명절이나 연말이 되면 선물을 보내야 하는 대상이 있다. 선물을 보내면 대개 상대로부터 답례를 받는다. 밸런타인데이와 화이트데이도 마찬가지로 선물할 의무와 답례할 의무가 있기 때문에 성립한다.

그렇다면 두 번째 받을 의무란 무엇일까? 술자리에서 상대에게 맥주를 따라줄 때가 있지 않은가. 다음에 기회가 있다면 해봤으면 하는데 상대가 당신의 컵에 술을 따르려고 할 때 곧장 손으로 컵을 가려 보자. 마치 '네놈이 따라주는 술은 안 마신다.'라는 의사 표시로 보일 것이다. 당연히 술자리 분위기도 얼어붙는다.

이렇듯 선물은 웬만한 경우가 아니고는 거절할 수 없다. 거절은 보낸 사람과의 관계 악화를 의미한다. 사이가 별로 좋지 않은 친척에게서 선물을 받고 내심 받고 싶지는 않지만 어쩔 수 없이 받는 일이 더러 있다.

이렇게 보내고 받는 관계를 '호혜'라고 한다. 호혜는 특정한 패턴에 근거해 주고받는 관계를 의미한다. '기브 앤 테이크'나 '세상에 공짜란 없다' 같은 말이 있다. 이런 말들은 받으면 돌려줘야만 마음이 놓이는 인간의 심리를 보여준다.

호혜를 이용한 마케팅은 다양한 곳에서 볼 수 있다. 백화점 지하 매장에는 시식 코너가 있다. 맛이 있는지, 입맛에 맞는지를 확인하기 위함이다. 하지만 동시에 공짜로 먹었다는 부담감 때문에 사야 한다는 심리적 압박을 느끼는 사람이 꽤 있다. "맛있네요. 잘 먹었어요." 하고 자리를 뜨는 사람도 있지만 시식했기 때문에 사는 사람도 있다.

받으면 돌려줘야만 마음이 놓이는 심리는 문화 차이를 넘어 어느 사회에서든지 보편적으로 볼 수 있는 듯하다. 그러나 밸런타인데이처럼 특정 나라에서 독자적으로 진화하거나 화이트데이처럼 완전히 새로운 증답 의례가 생겨나기도 한다.

나는 방금 의례라고 했다. 앞에서 의례란 정해진 순서에 따라 정기적으로 반복하는 행동이라고 설명했다. 선물도 의례다. 밸런타인데이, 화이트데이, 명절, 연말을 불문하고 매년 반복하는 행위이기 때문이다.

화이트데이라는 독자적인 증답 의례는 어떻게 정착했을까? 그 이유 중 하나는 위에서 말한 것처럼 선물할 의무와 받을 의무가 있어서다. 선물을 받기만 하지 않고 줄 수 있는 공식적인 기회가 있으면 밸런타인데이에 초콜릿을 받은 남성은 편하다.

또 한 가지 이유는 타이밍이 적절해서가 아닐까 싶다. 화이트데이는 밸런타인데이 딱 한 달 후로 정해져 있다. 내가 가진 〈관혼상제 대사전〉이라는 책에는 선물과 답례를 할 때의 마음가짐에 대해 '답례는 너무 빨라도 실례다. 일주일 후에서 한 달 사이가 적당하다.'라고 쓰여 있다. 화이트데이는 이 에티켓에 완벽히 들어맞는다.

　예전에 백화점을 비롯한 소매업계가 상사의 날(10월 16일)과 비서의 날(4월 마지막 주 수요일)이라는 증답 의례를 유행시키려고 했다. 아마 아는 사람이 거의 없으리라. 유행으로 자리 잡지 못했으니 말이다. 이 두 날 사이에는 6개월 정도의 시간이 있다. 어쩌면 날이 너무 떨어져 있어서 일주일에서 한 달 안에 답례해야 한다는 일본의 불문율에 부합하지 않은 탓에 유행하지 못했을 수도 있다.

　당연한 말이지만 선물에는 보내는 사람과 받는 사람이 있다. 선물은 원칙적으로 두 사람 사이의 관계성을 보여준다. 또 선물에는 좋아해줬으면 좋겠다거나 좋은 관계를 유지하고 싶다는 메시지가 들어 있다. 메시지를 제대로 전달하려면 선물을 신중히 골라야 한다.

　한편 선물은 권력 관계를 보여주기도 한다. 상사가 부하에게 한턱내는 것은 단순히 통이 커서가 아니라 부하가 상사의 권력 아래에 있다는 사실을 재확인하려는 의도도 있다.

　이렇듯 선물은 두 사람 사이에 일어나는 메시지의 교환이다. 따라서 선물 마케팅에서는 메시지를 읽어내는 일이 중요하다.

　이렇게 이야기를 끝낼까 했으나 예외도 있다. 바로 나를 위한 선물이다. 셀프 기프트라고 불리는 이 소비에는 상대가 없고 딱 한 사람 자기 자신만 존재한다.

**NOTE**

선물은 메시지이다.

# 52

# 세상을 떠나고
# 신성한 존재가 된
# 마이클 잭슨

## 신성한 소비와
## 세속적 소비

인간은 이분법을 좋아한다. 초식남과 육식남처럼 둘로 나누기를 좋아한다. 다만 초식과 육식을 딱 잘라 나눌 수 있는 것은 아니다. 둘 사이에는 살짝 초식남 같은 육식남이나 완벽한 육식남에 가까운 초식남 등 보다 세분한 단계가 있다. 하지만 우리가 둘로 나누고 싶어 하는 이유는 사물을 단순화하면 머리를 쓰지 않아도 되어서 편하기 때문이다.

신성과 세속이라는 구분도 이분법의 하나다. 에밀 뒤르켐(Emile Durkheim, 1858-1917)이라는 프랑스 사회학자는 신성과 세속의 이분법이 종교의 중요한 특징이라고 생각했다. 길거리에 쓰레기를 버리는 예의 없는 사람도 사찰 내부에서는 그런 행동을 하지 않으리라. 사찰 안은 신성한 장소이고 사찰 밖은 세속적인 장소이기 때문이다.

종교 이야기니까 마케팅과 상관없겠거니 하고 생각하는 사람도 있지 않을까 싶다. 그러나 사실 소비도 신성의 세계와 세속의 세계가 있다. 여기서는 신성한 소비와 세속적 소비를 생각해본다. '신성한 소비'란 일상과는 거리가 있는, 경외심을 갖게 하는 물건이나 행위 등을 가리킨다. '세속적 소비'란 일상적이고 특별할 것 없는 물건이나 행위를 말한다.

신성한 소비가 원래 신성했던 것은 아니다. 세속적 소비가 어떤 과정을 거쳐 신성한 소비로 승화한 것이다. 이런 현상을 '신성화'라고 한다. 구체적으로 살펴보자.

물건을 신성화하는 방법에는 컬렉션이 있다. 양철 장난감 컬렉터 등이 그렇다. 한두 개밖에 없으면 관심이 없는 사람이 볼 때는 그저 잡동사니로밖에 보이지 않는다. 그렇지만 1,000개나 2,000개를 수집하면 누구나 대단하다고 생각하고 그 안에서 숭고한 무언가를 발견한다. 체계적으로 물건을 수집하면 잡동사니였던 물건이 신성한 가치를 지니는 것이다.

물건뿐 아니라 셀럽이 신성한 존재가 될 수도 있다. 바로 셀럽이 죽었을 때다. 1980년대에 눈부신 활약을 펼친 가수 마이클 잭슨은 오랫동안 상당한 괴짜로 보도되었다. 성형만 계속한다는 둥 숨겨진 아이가 있다는 둥 진위가 불분명한 이야기까지 포함해서 그와 관련한 수많은 가십이 매스컴을 오르내렸다. 하지만 그가 죽고 나자 손바닥 뒤집듯 '생큐, 마이클'이라는 보도가 매스컴을 뒤덮었다.

그 이유는 잔인하게도 신성한 존재가 되어 주는 편이 돈이 되기 때문이다. 실제로 마이클 잭슨의 경우 사후에 제작된 다큐멘터리 영화 〈마이클 잭슨의 디스 이즈 잇〉은 큰 성공을 거뒀다.

물건이나 사람처럼 장소도 신성화할 때가 있다. 2001년 9월 11일에 발생한 미국 동시다발 테러 사건의 표적이 된 뉴욕 세계무역센터 자리는 그라운드 제로로 성지가 되고 있다.

지금 나는 성지라고 적었다. 분명 성지순례라는 단어를 떠올렸으리라. 성지순례 역시 장소가 신성화한 사례다. 도쿄 요쓰야에 있는 스가신사 앞 계단은 애니메이션 영화 〈너의 이름은〉의 성지로 많은 사람이 방문한다. 인터넷 정보에 따르면 주인공 타키와 미츠하가 재회하는 장소라고 한다. 나는 이 영화를 비행기 안에서 졸면서 본 탓에 내용에 살짝 자신이 없다. 스토리 전개가 빨라서 내용을 전부 이해하지 못했다.

그건 그렇고 이 계단이 〈너의 이름은〉으로 인기를 얻기 전에는 성지였을까? 물론 아니다. 그저 계단이었을 뿐이다. 하지만 많은 팬이 순례하면서 신성한 장소가 되었다.

최근에는 애니메이션 제작 단계에서부터 성지순례를 예상해서 만드는 경우도 있다고 한다. 게다가 성지순례에는 해외 관광객도 참여한다. 이렇듯 신성화는 다양한 비즈니스를 낳는다.

한편 이벤트가 신성화할 때도 있다. 올림픽 성화 릴레이를 떠올려보자. 성화는 그리스 올림피아 유적에서 태양광을 이용해 채화한다. 그것을 성화 주자들이 릴레이를 통해 개회식장까지 전달한다. 그리고 개회식 당일 경기장에 설치된 성화대에 점화한다. 이것은 정해진 순서에 따라 정기적으로 반복한다는 의미에서 의심할 여지없는 의례다. 의례를 통해 올림픽은 신성한 이벤트가 된다.

또 '24시간 텔레비전(24時間テレビ)'이라는 일본 예능은 매년 자선 마라톤을 한다. 이 역시 성화 릴레이와 같은 이치로 해당 프로그램을 신성화하는 방법이다.

신성화의 반대가 '탈신성화'다. 탈신성화란 신성화한 물건이나 상징이 원래 장소에서 이탈하거나 대량 생산되는 경우에 발생한다. 종교는 다소 탈신성화가 진행되고 있다고 할 수 있다. 크리스마스는 일본에서 종교적인 행사가 아니라 상업적인 행사다.

대량 생산이 탈신성화를 부추기는 사례로는 기념품을 떠올리면 좋겠다. 파리 관광지에서는 미니어처 에펠탑을 많이 판다. 나도 받은 적이 있는데 이 기념품은 만화가 미우라 준이 말한 이야게모노(싫어하다의 '이야'와 기념품이라는 뜻의 '미야게모노'를 합친 말로, 받아도 기쁘지 않은 관광지 기념품을 가리킨다-옮긴이)이다. 당연히 에펠탑은 세계에 하나밖에 없고 파리까지 가지 않으면 볼 수 없다. 그러나 미니어처가 대량 생산되면 키치하고 진부해져서 신성함이 사라진다.

신성과 세속이라는 구분은 이분법이 가진 성격 때문에 생각을 절약하는 데 도움이 된다. 또 지금껏 보이지 않던 소비의 실체를 볼 수 있는 렌즈가 되기도 한다. 부디 세상을 신성과 세속이라는 렌즈로 들여다보기 바란다.

**NOTE**

신성화가 비즈니스 기회를 만든다.

# 53 | '아내가 화났으니 먼저 간다'는 일본 고유의 제스처

**고맥락 문화**

일본에서는 분위기를 파악하라는 말을 자주 한다. 분위기 파악을 못하는 사람을 놀리는 말도 있다. 이런 말은 하나하나 설명하지 않아도 상대의 의향이나 집단의 합의를 읽어내야 한다는 가치관에 기초한다.

말로 하지 않고 맥락이나 배경으로 소통하는 문화를 '고맥락 문화'라고 한다. 일본은 고맥락 문화다. 고맥락 문화에서는 행동이나 제스처가 많이 사용된다.

수업에서 설명할 때 드는 사례가 (1)한쪽 손을 쥐고 새끼손가락을 들어 보인 뒤에 (2)양손의 집게손가락을 들어 뿔처럼 머리 양쪽에 붙이고 나서 (3)닌자가 자주 하는 양손의 집게손가락을 세워 모으는 제스처이다. 실제로 이 제스처를 보여준 뒤 학생들에게 무슨 의미인지를 묻는다.

대다수 학생은 잘 모르겠다는 듯 멍한 얼굴인데 잘 아는 학생 하나가 남성이 술자리 같은 데서 함께 마시는 상대에게 (1)아내가 (2)화났으니 (3)먼저 집에 가겠다는 뜻을 전달하는 제스처라고 답한다. 일본 직장인이라면 대부분 이 제스처의 의미를 알고 있다. 이런 제스처는 같은 사회에 속해 있어도 모르는 사람이 있다는 점에서 매우 높은 수준의 고맥락 소통이라 할 수 있다.

전 총리 중에는 말꼬리를 잡히지 않기 위해서 매번 말은 분명한데 의미가 불분명한 대답을 하는 사람이 있었다. 그것이 가능했던 이유는 고맥락 문화이기 때문이다.

고맥락의 반대가 저맥락이다. 저맥락 문화에서는 명확한 언어적 소통이 요구된다. 말도 의미도 분명해야 한다. 일본인과 달리 미국인은 저맥락 소통을 한다고 알려져 있다.

미국인은 모든 것을 정확하고 분명하게 설명해야 하는 사람들이기 때문에 미국에서는 비교 광고를 많이 볼 수 있다. 경쟁 브랜드보다 25% 더 오래 간다거나 더 싸다는 식으로 강조한다. 반면에 고맥락 문화의 시청자는 단순 비교를 달가워하지 않는다. 따라서 경쟁 브랜드보다 뛰어난 점을 고맥락 소통의 형태로 전달해야 한다.

글로벌 마케팅에서는 고맥락 문화와 저맥락 문화의 차이가 걸림돌이 된다.

저맥락 문화에서는 고맥락 소통을 시도해도 광고 속에 넘쳐나는 뉘앙스를 소비자에게 전달할 수 없다. 가령 개 아버지가 나오는 소프트뱅크 광고(일본 3대 통신사 중 하나인 소프트뱅크는 독특한 세계관을 보여주는 광고로 유명하다. 광고에는 4인 가족이 등장하는데 아버지는 하얀 개, 어머니와 딸은 보통의 일본인, 아들은 흑인으로, 이 별난 가족의 소소하면서도 코믹한 에피소드가 다양하게 그려져 있다-옮긴이)는 영어로 옮겨도 미국인에게 그 재미를 전달하기가 어렵다.

한편 고맥락 문화에서 저맥락 소통을 시도하면 너무 직접적이라서 소비자에게 와닿지 않는다. 미국은 옷가게나 레스토랑 할 것 없이 서비스에 격식이 없고 매우 직접적이다. 그런 문화에 익숙하지 않은 고맥락 문화의 소비자는 불친절하다고 싫어하기도 한다.

예전에 수업에서 커플의 모습을 담은 미국과 일본의 TV 광고를 비교하는 주제로 학생들과 토론한 적이 있다. 참고로 이 수업에서는 사회를 맡은 학생이 무엇을 어떻게 이야기할지 생각하고 준비한다.

일본 광고는 쇼와 위스키 광고였다. 광고에는 딸이 결혼 상대를 처음으로 집에 데리고 와서 아버지에게 소개하는 장면이 그려져 있었다. 어색한 분위기 속에서 갑자기 아버지가 부엌으로 향한다. 아버지를 따라온 딸은 작은 목소리로 말한다. "좋은 사람 같지?" 그러자 아버지가 대답한다. "혼내주려고 했는데 그럴 필요가 없어서 다행이다."

내 수업에는 유학생이 많은데, 그 자리에 있던 타이인과 중국인 여학생이 잘 모르겠다는 얼굴로 "왜 이렇게 행복한 장면에서 혼내준다는 말이 나와요?" 하고 물었다. 도무지 이해가 안 간다는 표정이어서 나는 일본인 학생에게 정확하게 말로 설명해 보라고 했다.

그러자 한 일본인 여학생이 "아버지는 딸을 자기 소유물이라고 생각해서…." 하고 말을 시작하더니 곧장 "아니, 소유물은 아니지!" 하고 제 입으로 반박했다. 고맥락 문화의 소비자라면 광고 속 장면을 어렴풋이 이해할 수 있다. 하지만 말로 설명하기란 좀처럼 쉬운 일이 아니다. 높은 수준의 고맥락 소통이기 때문이다.

비교 대상이었던 미국 광고는 도넛 광고로 기억한다. 십 대 때 만난 커플이 도넛을 먹으며 행복한 노부부가 되어 간다는 내용인데 이해가 쉽다. 일본인, 타이인, 중국인, 미국인도 이해할 수 있다.

물론 광고 안에 맥락이 없는 것은 아니다. 좋아하는 사람끼리 이어지는 일은 행복하다는 생각, 소위 로맨틱 러브 이데올로기라고 불리는 사고가 전제되어 있다. 이 개념은 많은 문화권에 널리 퍼져 있다. 그런 연유로 해당 광고 메시지는 저맥락이라고 할 수 있다.

일본어에는 오모테나시(진심을 담아 손님을 대접한다는 뜻-옮긴이)라는 말이 있다. 이 말을 보면 일본의 마케팅이 고맥락이라는 사실을 느끼게 된다. 카페, 식당 등 일본의 서비스가 대부분 해외 진출에 어려움을 겪는 이유는 일본인의 기준에서 오모테나시를 추구해도 현지 소비자가 이를 전혀 알아차리지 못하기 때문이다. 고객이 인지하지 못하는 서비스는 아무리 열심히 해봤자 과도한 노력 투자일 뿐이다. 일본의 마케터는 자신들의 마케팅 전략이 얼마나 고맥락 소통인지를 다시 한 번 생각해봐야 한다.

**NOTE**

분위기 파악은 적당해야 한다.

# 끝맺으며

1장 첫머리에 마케팅은 Thank you와 Money를 받는 일이라고 했다. 이 설명을 하면서 과거에 '마케팅은 모케팅이다'라는 비판이 있었다는 이야기도 했다. 이 책을 끝맺으며 다시 한 번 모케팅에 대해 생각해보려 한다. 왜냐하면 책의 제목으로 '마케팅은 모케팅이다'가 어떠냐는 내 제 안을 담당 편집자가 정중한 태도로 시원하게 거절했기 때문이다.

마케팅은 모케팅이다. 모케팅의 '모' 하면 어떤 말이 떠오르는가? 어 머니 '모' 아닐까. 어머니는 영어로 무엇인가? mom이다. 맘 아닌가! 그 렇다. 다시 말해 사고 싶은 '맘'이 들게 하는 기술이 마케팅이다.

이 책에서는 고객의 마음을 사로잡는 데 도움이 되는 53가지 '말'을 소개했다. 부디 이 서치라이트를 들고 세상을 바라보기 바란다. 조금이 나마 고객을 이해하고 새로운 발견을 할 수 있다면 기쁘겠다.

그러려면 한번 실제로 말을 사용해서 현상을 들여다보는 것이 중요 하다. 사용해보면 쉽게 써지는 말과 그렇지 못한 말이 있을 수도 있다. 자신에게 도움이 되는 말을 찾아보자.

또 한마디 덧붙이자면 이러한 말을 제대로 익히기 위해서는 혼자 쓰지만 말고 주위 친구 서넛에게 설명해보는 것도 좋다. 차츰차츰 설명이 매끄러워지면 말을 제대로 익혔다는 증거다. 그럼 어디든 가지고 다닐 수 있는 서치라이트가 된다.

처음에 말한 대로 이 책은 내 수업에서 다룬 짤막한 이야기를 바탕으로 한다. 그런 의미에서 시시한 내 이야기를 끈기 있게 들어준 학생들에게 고마움을 전한다.

더불어 이 기획을 제안하고 현실로 만들어준 편집자에게도 감사를 보낸다. 'cakes'의 칼럼 연재 덕분에 이 책과도 인연이 닿았다. 막상 해보니 꽤 어려운 작업이었지만 어깨에 힘을 빼고 이야기를 쓰는 일은 무척 즐거웠다. 그 즐거움이 당신에게도 전해지기를 바란다.

마쓰이 다케시

# 소비의
# 메커니즘

1판 1쇄 발행 | 2022년 4월 1일

지은이 | 마쓰이 다케시
옮긴이 | 마미영
펴낸이 | 이동희
펴낸곳 | ㈜에이지이십일

출판등록 | 제2010-000249호(2004. 1. 20)
주소 | 서울시 마포구 성미산로 1길 5 202호 (03971)
이메일 | book@eiji21.com

ISBN 978-89-98342-70-8 03320